漫畫

超神腦科學時間術

THE TIME MANAGEMENT

マンガでわかる『神・時間術』ヒーローお姉さん、
最強の時間操作スキルで働き方改革します!!

終結身心空轉的疲勞與低效率，
日本超人氣名醫教你善用專注力╳時間思維，
把人生和工作的時間價值最大化

樺澤紫苑 著　蔡昭儀 譯

日本政府的勞動改革廳最近成立了「特定企業對策室」，
簡稱「特企對」。
針對勞動環境惡劣，並且逐年變本加厲的黑心企業，派遣特殊搜查員潛入調查並逕行取締。
コンコン
敲敲
進來。
打擾了。
朱音春子小姐，
這份資料，是妳下個月要潛入調查的企業。
脳プロモ株式会社
電腦推廣株式會社…
近年在網路廣告市場獨占鰲頭…

我們要借助妳的經歷，以勞工健康服務醫師的身分臥底。
勞工健康服務醫師呀…
平時照顧員工的身心健康…
同時也要暗中調查職場霸凌的真相，揪出那些黑心企業分子。
遵命！
對了…我聽說妳對時間運用很有一套。
是的！您說的是「腦科學時間術」
對吧！
TIME HACK
沒錯，這套方法想必對公司員工很有幫助。
妳不妨藉著幫職員諮詢的機會，好好指導他們。
沒問題！

目錄

第1章 善用專注力，潛能最大化！

第2章 充分利用早晨，事半功倍！

第3章 分心退散，找回失去的專注力！

第4章 積極休息，擺脫工作的疲勞！

1:17
ハア…
大口喘氣…
ハア…
呼…呼…
タタタ…
噠噠噠…
先逃離現場吧。
搞清楚什麼情況…
チラ、、、
噴…

猛一拳
咚咚
怎麼回事？
オオオ…
啊啊啊…
前輩被一個神祕超人狠扁一頓!?
咔—
砰!
哇啊!!

ズル…
暈頭轉向…
報告…
スッ
咻！
成功制伏黑心企業分子A201。
那個是…勞工健康服務醫師春子小姐嗎!?

第1章
善用專注力，潛能最大化！
Deadline Rush 限時衝刺

4天前——
朱音メンタルクリニック
小夏，妳工作真的很拼耶。
う…嗚…
う…嗚…
勞工健康服務醫師
朱音春子
電腦推廣株式會社
第5營業部2課職員
雨宮小夏
妳剛剛在走廊上一副心神不寧的樣子，幸好我叫住妳了。
晃晃…
搖搖…
嗚嗚…
都是我不好，
還有上次也是…

前輩…真的很抱歉，我弄到現在才做好…
這是今天的簡報資料。
嘻嘻…
第5營業部2課主任
鶴居時夫
辛苦妳了——
ペラ ペラ
翻翻
嗯…差不多這樣就可以了。謝謝妳啦。
喀噠
ガタッッ
課長~今天的資料我做好了。請您過目。
什麼!?
哦！不錯嘛！不愧是拼到最後一刻的成果啊。
簡報的內容一定要嚴謹呀！

好了，再來就只要準備做簡報了…
喔，對了！小夏，這個拿去喝吧。
ヒョイ
給
STRONG
看妳一臉疲勞，這樣要怎麼面對客戶啊。
對…對不起…謝謝…
ズイッ
喂！
怎麼樣，妳想說什麼嗎？
我是不知道妳熬夜幾天了啦！做不完還不是因為妳的效率太差！
還敢強調自己努力做到很晚，是在討拍嗎？妳如果想在廣告界立足，就要更機靈一點啦!!
ゴ
吼
ゴ
吼
ゴ
吼
哼！
グチグチ
叵叵
ガガ
嗚嗚

我總是被前輩數落……
都是我不好。
小夏，這根本不是妳的錯。
我看妳根本沒有好好睡覺，對不對？
睡眠不足對身心的影響很大，嚴重的話甚至會致命喔。
什麼！太誇張了吧？
一點也不誇張！
睡眠不足導致的大腦功能退化所引起的死亡率高達5.6倍！
還會影響工作效率不佳，做什麼都事倍功半！
妳必須改變思維，
好好運用腦科學時間術才對！

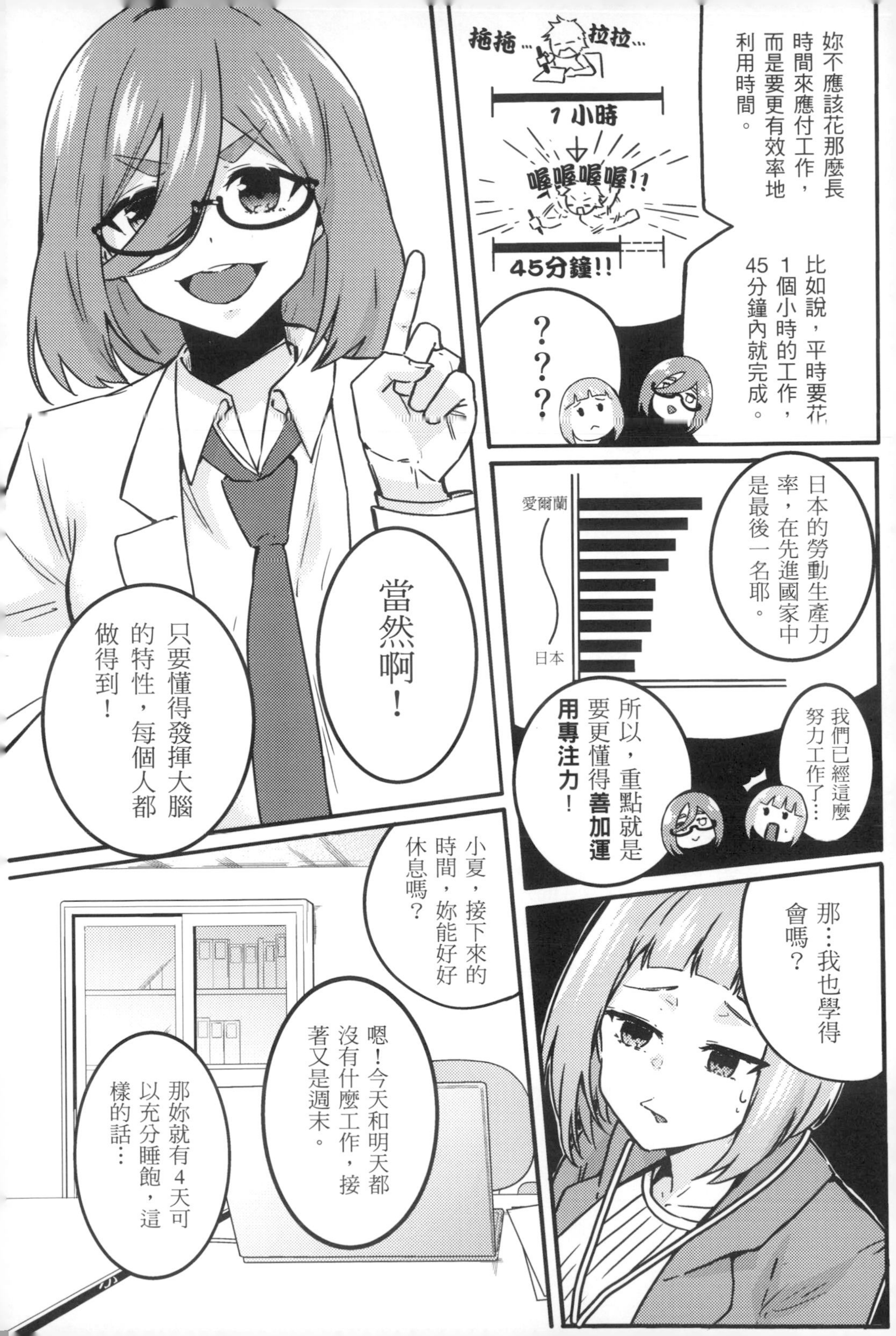
妳不應該花那麼長時間來應付工作，而是要更有效率地利用時間。
拖拖…
拉拉…
1小時
喔喔喔喔!!
45分鐘!!
比如說，平時要花1個小時的工作，45分鐘內就完成。
？？？
日本的勞動生產力率，在先進國家中是最後一名耶。
愛爾蘭
日本
我們已經這麼努力工作了…
所以，重點就是要更懂得善加運用專注力！
那…我也學得會嗎？
當然啊！
只要懂得發揮大腦的特性，每個人都做得到！
小夏，接下來的時間，妳能好好休息嗎？
嗯！今天和明天都沒有什麼工作，接著又是週末。
那妳就有4天可以充分睡飽，這樣的話…

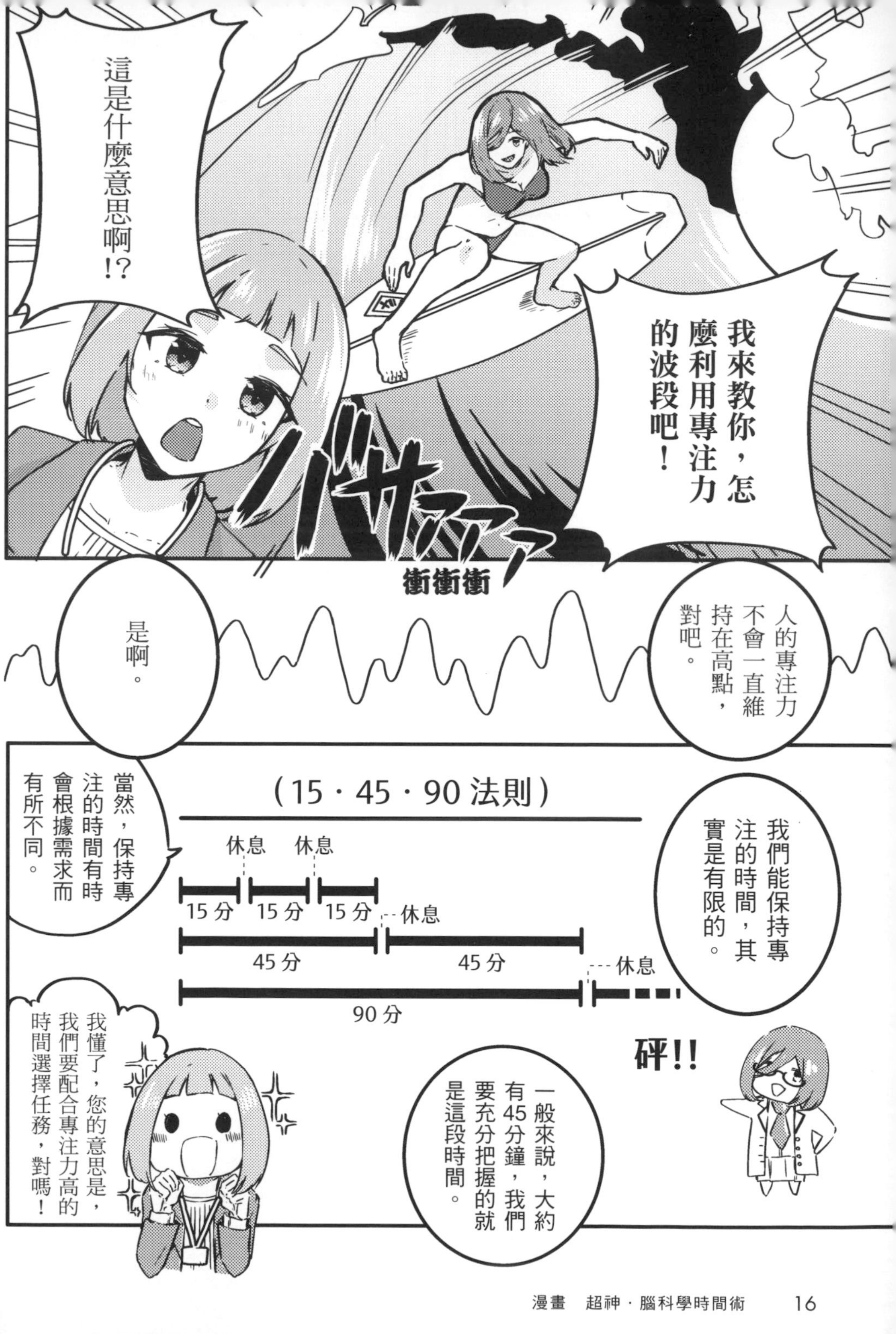

我來教你，怎麼利用專注力的波段吧！
這是什麼意思啊!?
バサァァァ
衝衝衝
人的專注力不會一直維持在高點，對吧。
是啊。
我們能保持專注的時間，其實是有限的。
當然，保持專注的時間有時會根據需求而有所不同。
（15・45・90 法則）
休息
休息
15 分
15 分
15 分
休息
45 分
45 分
休息
90 分
砰!!
一般來說，大約有45分鐘，我們要充分把握的就是這段時間。
我懂了，您的意思是，我們要配合專注力高的時間選擇任務，對嗎！

沒錯。還有，專注工作的時間之後，一定要好好休息。
在疲勞產生之前好好休息，專注力才能再恢復。
那要休息多久才夠呢？
大概10到15分鐘就夠了。
有計畫地安排專注與休息的時間，就能更有效利用！
這就是專注力的波段！
TIME HACK
好厲害……!!
接下來這幾天，妳先好好睡飽。星期一就可以試試看了！
到時候我再教妳其他提高專注力的方法。
「HACK」指的是可以提升效率的技巧或妙招喔！

星期一
早安！
亂七八糟…
ぐちゃぁぁぁ…
保持整齊乾淨，要井井有條!!
需要的物品如果還要花時間找，專注力就會中斷！
工作的時候，妳是不是常會分心想其他事情？
小夏任務
6月21日
・整理桌上的文件
・14點之前提交角河
的企劃案
向WC社反應盡速處理
事項
點前若KWEC未聯
刻去電
○科研LP網站
開會
將擔心的事都寫在紙上，就可以心無旁騖！

想在短時間提高專注力——
就要限時衝刺！
好像是很厲害的必殺技！
只是我自己這樣命名的啦（嘻）
同樣一件工作，拖拖拉拉地做，跟強迫自己「必須在30分鐘內完成」，效率可是完全不一樣。
喔喔喔！想看的節目就要開始了！衝啊！
把預定的事都先安排好，逼自己「一定要在這個時間內完成」，也是一種方法！
加油！
哦！看起來比上禮拜還要有精神嘛。
前輩，上個禮拜您交代的資料，我已經做好了。
好喔～做得很快嘛。
既然如此…

可以再多派一點工作給妳囉？
什麼──
呃⋯⋯這個⋯⋯
啪！
這個案子啊
回線食品公司
網路行銷企劃
可以幫我找一下適合的演員和攝影師，還有拍攝地點嗎？
這是兩週前談的案子，我知道了⋯⋯
您方便提供已經查過的資料嗎？以免我又找了重複的內容。
我沒有啊。
什麼⋯⋯？

我就是都沒有做，才叫妳做的啊。
可是，這案子不是兩週前就談好了嗎⋯
怎樣啦！妳有意見嗎？
這個明天就要交了喔。
又⋯又來了！不可能的任務!!
自己白白浪費了兩個禮拜，就強迫別人付出時間來彌補，這種人根本就是⋯
時間小偷！
啊！對了，這個給妳。
クラァ…
萬念俱灰
這個比能量飲料有效喔～
咖啡因
200mg
咖啡因含量很高，小心服用啊。

轉開瓶蓋！
喀噠…
喀噠…
喀噠
喀噠
辛苦囉！我先走了。
天亮了，唉唉…
可是我還沒做完…
嗶嗶嗶……
早安呀！
怎麼樣，小夏？做完了嗎？
對不起，我還沒做完…
什麼…？
喔！那太好了。

唉呀，就是那個客戶後來又打來說，演員要用社長親戚的小孩啦。
然後，他們乾脆連攝影師和拍攝地點都自作主張決定好了啦。
所以啊…
拍 肩…
昨天叫你查的資料，都用不上了。
沒事了～我去抽根菸啊。
站起身
快步走…
搖晃…
?
嗚
嗚
嗚

我是2樓的勞工健康服務醫師，想冒昧請問一下，小夏怎麼了嗎？
她啊……
……！
心跳
加速
這已經不是基本對策可以解決的狀況了——
是我……
全力衝刺
砰！
開門
想得太簡單了！
我要檢舉，對象是黑心企業分子A201號。
緊急申請指導・勸告許可。
喀噠 喀噠 喀噠
【黑心企業分子
A201 號
姓名 鶴居時夫
電話號碼：……
地址：……
職場霸凌事件
嗡 嗡 嗡 嗡

狠瞪
來電鈴聲
咦？是誰啊，不明來電？
我是勞動改革廳特定企業對策室的朱音，請問這是鶴居先生的手機號碼嗎？
嗶
是，有什麼事嗎？
本廳已查證諸多鶴居先生的職場霸凌行為，因此您必須接受指導及勸誡，現在要跟您約個時間。
職場霸凌？我嗎？
我不知道你在說什麼…我今天沒空啊，行程排到半夜12點了。
其實我根本沒事…
好的，那我們就約凌晨1點在貴公司會議室A，如果您不方便，我再請貴公司人事部安排。
傷腦筋耶…好啦，我去就是了！
可惡…

ガチャ
開門
靜候多時了，這邊請坐。
你是勞動改革廳來的？
很年輕嘛，為什麼穿著白袍？
我們是專門臥底在疑似黑心企業的特殊搜查員。
我是與貴公司特約的勞工健康服務醫師，平時在2樓的診所上班，順便觀察各位的行為。
站起來…
什麼？
最近一個禮拜，我已經查明你在職場的霸凌行為…
重放！
6月4日，你指示A職員製作簡報資料，事實是強迫對方加班至深夜。
6月5日你又對同一名A職員指示加班，更因對方的抗議，惡意斥責。
其他事件在此先省略，總計35件霸凌行為。
喂喂喂，搞什麼東西！到底是誰去告狀的？

現在對你發出勸誡，今後不准於晚上8點後做出隔日或後日的業務指示。
不准在公共場合斥責部下或後輩。
即使不是公共場合，也不准大聲斥罵或否定他人人格。
今後若再查獲同等行為，勞動改革廳將依權限對你懲戒處分。
開什麼玩笑！
剛剛我可是一直忍著聽妳講，哪裡來的35件職場霸凌!?
我就不信妳有什麼證據！
搥桌
我這邊有好幾位職員的證詞，還有你的出勤紀錄等資料，這是多方調查之後做出的判斷。
另外還有97件因證據不足而無法證實的職場霸凌，
你還要我更仔細調查嗎？
砰
哼!!

ドン
踢桌
ガタッ
閃
ビタッッッ
一手劈下
バッ
啪！！！
大力丟
シャカ
猛搖
シャカ
猛搖
不妙！
MAX ENERGY

!!!
爆
炸
咚
你如果再頑固抵抗，我就立刻對你做出懲處，並強制參加黑心企業分子更生計畫。
以你的行為…最少也要3年。
喀
啪
啪
那我更不能放過妳！
脫下
沒辦法了…
只好強制執行了！

キュポ
啵
ビ
射
看我的厲害！
ビ
射
射
射
射
ガチャ
喀嚓
ガチャ
喀嚓
ガチャ
喀嚓
ガ
擋
獨門絕招，限時衝刺！
ガ
擋
ガ
擋

執行絕招！
3分鐘後強制解除戰鬥模式
什麼玩意！
竟然還有限時的戰力升級裝備？
不…
不是裝備。
好快…!?

咚
!!

是我自己！
嘶嘶
什麼聲音？
對了！
1：20
幾點了？
是剛剛的聲音！
這是什麼情況…
倒地

黑心企業分子A201號已成功制伏。
嘟嚕嚕…
了解…那就移交給你們了。
嗚嗯～
好厲害…
唉呀…已經這麼晚了…
原來，醫生是特殊搜查員！
或許…
她可以讓這個公司改變！

小夏，妳工作真的很拼耶。
うぅ…嗚…
うぅ…嗚…
電腦推廣株式會社
第 5 營業部 2 課職員
雨宮小夏
勞工健康服務醫師
朱音春子

TIMEHACK 1

加強專注力，每分每秒都能提升工作效率

身體和心理的健康同等重要

本書的主角朱音春子，以勞工健康服務醫師的身分出場。所謂勞工健康服務醫師，就是從醫學專業的角度，為職場的勞工身心健康把關的醫師。

勞工健康服務醫師的工作包括根據健康檢查的結果提出建言，幫助勞工能夠在治療疾病的同時也能兼顧工作，還有為他們做壓力測試，以及針對長時間勞動者進行指導、職場巡視、作業管理等。

大約七成的勞工健康服務醫師是兼職，通常都是來自醫院或診所。因為是兼職，多半是一個月出勤數次，到企業執行勞工健康服務的業務。

過去較多是由內科醫師擔任勞工健康服務醫師為勞工看診，近年來，日本職場上經常發生勞工身心失衡或過勞的問題，企業因此推行壓力檢查制度，為因應勞工身心方面的狀況，身心科醫師或勞工健康服務醫師的需求也就隨之增加。

勞工健康服務醫師在心理健康這方面主要的工作內容是，針對那些因長時間勞動導致疲勞累積或是身心失衡的員工，為他們進行壓力測試。如果發現有「高壓力者」，就會透過面談，判斷是否需要轉介到醫院就診。

除了從工作和生活上指導勞工如何不累積壓力，也會向資方或是衛生委員會提出改善勞動環境的建言。對於已經到身心科就診與治療的員工，則會視每人情況不同，提供「留職停薪休養」或「復職」的建議。

最近有許多公司與身心科診所或諮商心理師簽約配合，作為公司福利的一環，如果員工有需求，就可以免費就診或諮詢。

一點也不誇張！
睡眠不足導致的大腦功能退化所引起的死亡率高達5.6倍！
還會影響工作效率不佳，做什麼都事倍功半！

預防勝於治療，身心出現狀況前，及時諮詢是非常重要的預防措施。

睡眠是提升專注力的特效藥

有效利用時間，其中最重要的就是要提升專注力。同樣是1個小時，專注力加倍，工作效率也會加倍，就可以有2倍的工作成果。換句話說，你的時間因此多出了「1個小時」。

要提升專注力其實很簡單，只要多睡1個小時就好了。**相反的，如果睡眠時間不足，就會造成專注力低落，影響工作表現。**

犧牲睡眠時間，會讓大腦的反應能力明

顯下降。根據美國賓州大學的研究，「連續14天只睡6個小時」與「熬夜48小時」，大腦的認知功能是一樣的。具體的感覺相當於喝下兩大杯日本清酒後的「酒醉狀態」。

換句話說，睡眠時間不滿6小時的人，等於是「每天熬夜工作」或「一邊喝酒一邊工作」，這樣工作怎麼會有效率呢？

有4成日本人每天都睡不到6小時，也就是睡眠不足。40歲以下正值壯年的上班族，高達5成睡眠不足。理想情況下，大家應該都要睡滿7小時才對。

許多人因為工作沒做完要加班，結果就是要「犧牲1小時睡眠」。然而，「犧牲1小時睡眠」所造成隔天的專注力低落，很可能必須再加班好幾個小時，才能完成預定工作進度。

漫畫中，春子醫生說「睡眠不足對身心的影響足以致命」，一點也不誇張。比起睡眠充足的人，睡眠時間不滿6小時的人罹癌率是6倍，腦中風的可能是4倍、心肌梗塞3倍、糖尿病3倍、高血壓2倍、感冒5.2倍、失智症5倍、憂鬱症5.8倍，自殺傾向4.3倍，而死亡率也高達5.6倍。

身體健康，才能在工作上力求表現。想要完成工作，你該做的不是「犧牲1小時

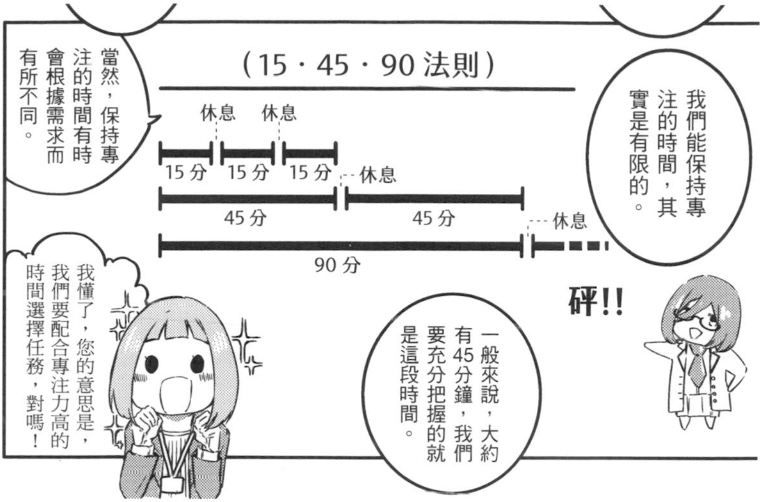
我們能保持專注的時間，其實是有限的。
當然，保持專注的時間有時會根據需求而有所不同。
（15・45・90 法則）
休息
休息
15 分
15 分
15 分
休息
45 分
45 分
休息
90 分
砰!!
一般來說，大約有45分鐘，我們要充分把握的就是這段時間。
我懂了，您的意思是，我們要配合專注力高的時間選擇任務，對嗎！

睡眠」，而是「多睡1小時」。睡眠就是提升專注力的特效藥，而且是馬上見效。

神奇的15—45—90分鐘法則

專注力的持續時間分別有「15分鐘」、「45分鐘」、「90分鐘」，光是記得這三個時間單位，工作就可以變得很有效率。

高度專注力的持續時間是「15分鐘」。

東京大學池谷裕二教授研究指出，連續「用功60分鐘」不如間歇的「15分鐘×3（共45分鐘），學習效率更高，成績更好。

3組15分鐘總共45分鐘，「45分鐘」相當於小學一節課，這是小學生保持專注的極限。

「90分鐘」與「超晝夜節律」（清醒與疲倦反覆的節律）大約一致。大學一堂課是「90分鐘」，成人保持專注的極限正是「90分鐘」。記住「15－45－90分鐘」的法則，長時間拖拖拉拉地念書或工作，只會讓專注力越來會低落。不管是用功或工作，都以15分鐘為單位，一鼓作氣完成。每隔45分鐘或90分鐘，趁著精神還沒有耗盡，要停下來休息一下。

看準時機！專注力的波段操作

我們大腦中的專注力是有起伏的。「15－45－90分鐘法則」正是因為如此，專注力在早上達到最高，隨著大腦的疲勞，到了下午就會漸漸降低。如果能充分休息，專注力可以恢復，但若完全不休息、持續工作的話，專注力就會一路往下降。

感知自己的專注力，在「專注力高的時段」完成「需要專注的高強度工作」。而在「效率不彰」的「低專注力時段」，應該用來進行一些「不太需要專注的事務」，

例如開會、電話、電子郵件、簡單的文書作業等。我們不可能一整天都維持著高專注力，**所以要像衝浪一樣，趁著「好浪」來的時候，一鼓作氣把工作完成，這就是「專注力的波段操作」**。

要掌握祕訣，就如同在漫畫中春子醫師對小夏說的，想像自己在衝浪，好好感知一下專注力的「好浪」，然後抓緊衝一波。

限時衝刺工作術

許多人工作的時候都想著「工作做完就可以下班回家」，結果一路加班到晚上8、9點。其實，如果轉變一下心態，抱持著「晚上7點以前一定要把工作做完，然後下班回家」的想法，通常就可以趕在7點之前完成工作。

大家都有在暑假最後一天把作業趕完的經驗吧。暑假第一天不可能完成的作業，卻能在最後一天發揮比平常多出好幾倍的衝勁，一口氣寫完作業。這是為什麼呢？人被逼到沒辦法的時候，大腦會分泌一種叫「正腎上腺素」的腦內物質。

正腎上腺素可以刺激大腦活性，專注力、判斷力和記憶力等，這些能力都會在短時間急速上升。結果，平時需要花2小時才能完成的工作量，1小時內就做完了。只要先將期限（截止時間）定好，就能瞬間提升自身能力，這就叫做限時衝刺。

不過，如果設定太超出能力範圍的目標，像是「平時需要2小時的工作，在15分鐘內完成」，大腦會判斷「辦不到」，反而無法召集啦啦隊。故事中的小夏被前輩強迫工作，一直加班到隔天早上也做不完，就是因為「超出能力」的工作量。

拼命努力或許能完成。當我們要執行這類「有點難」的任務時，除了正腎上腺素，腦內還會分泌提高專注力和動力的多巴胺，很可能讓人瞬間變身成超級英雄。

第2章
充分利用早晨，事半功倍！
Memory Speeder 記憶加速
年輕的感覺，好羨慕…
高級皮鞋的質感，好忌妒…
情侶的甜蜜，好討厭…
!?
喂！搞什麼！
撞
開

第 5 營業部 4 課課長
落合煎餅
那個大叔！給我小心一點！
飄走……
嗯……

落合課長！
這是我帶回來的特產，請吃吃看！
第5營業部4課
真宮一
喔喔…謝謝你啊，真宮。
你去夏威夷度蜜月啊。真好，夏威夷。
是啊！！
托您的福，我們玩得很愉快！
我會盡快將休假這段時間的工作補上！

開朗又有活力的新婚夫妻啊…
好忌妒…
快要受不了了…
那麼，這個工作就麻煩你了，明天交給我。
沒問題。
對了，還有…
ドスーン
咚
這些書給你參考…
厚厚一疊…
只是參考用啦，也不用全部都讀完。
一定很有幫助！
來──吧
我要拚了──!!
竊竊私語
窸窣

竊竊私語…
人家才剛蜜月旅行回來耶，明天就要交工作，課長也太過分了…
還一口答應，真宮也很厲害呀。
小聲議論…
他這個人憨直又超級認真，那些書他真的會全部讀完的。
第1本
嗯
嗯
第2本
辛苦了
第3本
隔天
大家早啊。
!

○○企劃
企劃書概要
真宮
這是…
早安！
課長！我剛剛做完就先放在您的桌上了！
今天之內交給我就可以了呀，這一大早的，可真有你的…
不不不！我覺得盡快完成交給您比較好！
如果有需要修改，請再告訴我。
哼…
可惡！這麼優秀，真是羨慕死我了…
ギリギリギリ
咬牙
切齒

真宮，這個也要麻煩你。
ハイ!!
沒問題！
那個…真宮麻煩一下。
隔天
啊…
呃…
這個這個，真宮交給你了。
又隔一天
那個，真宮啊…

……
真宮啊…
哇!?
你還好嗎…是不是累了啊?
不好意思,課長…
我去洗個臉!

醒來…
這裡是？
我怎麼了？
你好，真宮先生。
我是勞工健康服務醫師，我叫朱音春子。
你剛剛在廁所外面昏倒了，是同事帶你過來的。
這公司的廁所外面太常發生狀況了吧！
砰!!
真宮
我昏倒了嗎…現在幾點了？課長交代的工作我還沒做完！

現在是晚上6點，落合課長那邊我已經知會過了，你今天可以下班了。
這…這樣啊，我真是太沒用了。
我看你很疲勞…工作過度了吧？
我這個人的個性就是這樣，
只要人家來拜託我，我就覺得不能辜負對方的期待…
然後不知不覺就接了一堆工作，只好熬夜加班。
……
我剛好想跟你說說這件事…對了！
啪
你不妨試著好好利用早晨的時間。
咦？

早上起床後的2到3小時是大腦的黃金時間。
剛睡醒的大腦就像是空無一物的桌子。
隨著時間過去，我們會往桌上堆放各種東西。
ゲーム
TIME HACK
ス
チャ
最後就會變成這樣，再也放不下任何東西了！
亂七八糟一堆
所以需要專注力和理解力的工作，就應該要充分利用桌子乾乾淨淨的早上執行!!
蓄勢待發!!
原來如此！
砰
還有啊，有些人起床會容易發呆，有個小妙招可以馬上讓人神清氣爽。
例如沖個澡，讓體溫和心跳數上升，就可以啟動自律神經。
起床後15分鐘！
建議調為稍熱的溫度！
除了沖澡，還有其他4個方法。

②開著窗簾睡覺
一早曬到陽光，大腦就會自己開始運作。等到我們起床時，大腦已經做好準備了！
③如果還想賴床的話，可以先睜開眼睛5分鐘。
睜眼
大腦啟動
躺著也沒關係，只要睜開眼睛就可以了！看見陽光就能驅使大腦開始活動。
④健走之類有節奏的運動，也可以活化大腦。
好累喔！
大腦
喘
喘
不過運動太久或太累會造成反效果喔！散步15分鐘就夠了。
⑤一定要吃早餐，並且充分咀嚼。
糙米納豆
生蛋拌飯
咀嚼20次
咀嚼的動作也可以刺激大腦活化，一口要咀嚼20次喔。

總而言之，你今天要比平常提早1個小時就寢，明天提早1個小時起床。
養成習慣利用早晨的時間工作。
振作
我明白了！
手刀衝出——
謝謝你，醫生！
咦…

哦！小夏，剛才謝謝妳。
沒什麼啦，應該的！
小夏的心裡
事情發生的時候，我馬上就想到醫生了！
哎呀
那個…醫生，那個人剛剛昏倒的時候，我聽見旁邊有人說…
說什麼？
他們說「誰叫他愛出風頭」。
還說「刺激到那個自卑棒槌了」。

敲敲
敲敲
竟然還有人會玩這種老套把戲。
嚇
!
妳……妳是誰……
我是勞工健康服務醫師朱音春子。
真宮先生的事，你心裡有數吧？

落合……不對……
我應該叫你自卑棒槌！
咬牙切齒
不准這樣叫我……
那種綽號！
我的名字是落合！
揮拳
重搥
不准叫那種綽號!!

強制執行
啪
咚
咚
咚
那是什麼？
ギリ
咬牙
好年輕、好漂亮啊啊…好讓人羨慕！
國家特殊搜查員…也太帥了吧!!
咬牙
ギリ
我太忌妒了!!
碎碎念
碎碎念
碎碎念
喔
喔
喔

忌妒
膨脹!!
咚
咚
猛
喔喔…
拔起
揮
只要咬緊牙，
竟然可以一下子讓肌肉膨脹…
那我也來…
吃一顆
拿出

嚼嚼
妳吃什麼？
禁藥嗎？
哼
只是普通的口香糖，刺激大腦活躍。
嗶
尤其刺激掌管記憶的海馬迴。
嗶
嗶
合格通知書
〇〇大學
不合格
嘶
嘶
記憶加速!!

落合先生，我記得你是「萬年課長」。
咚
當了20年的課長。
一生氣就出手修理別人…真幼稚。
看我的！
咚
!!
咬牙
咬牙
可惡
你常說「要咬緊牙關好好努力」。
我看，你已經到達極限了吧？

ブチッ
斷掉！
!?
完蛋了。
我的肌肉…
咬不動了…
シュルルル…
消下去…
偶偶偶偶…蘇蘇…惹。（我輸了）

ドン
咚

大學、外貌、頭銜…
荒謬至極。
用這些來評斷一個人的優劣，根本是扭曲的價值觀。
咚
醫生！春子醫生！
前幾天在公司，承蒙您的照顧！

多虧醫生的建議，我已經完全恢復了！
那個早晨活動這麼有效…嗎？
托您的福，工作進行得很順利！早晨的效率是晚上的2倍呢！
雖說效果也是因人而異…不過能幫到你，真是太好了。
對了…聽說落合課長遭到處分了。
咦？喔喔…是啊。
說是國家特別部隊出動…
啊！時間到了！
不好意思，我還有會議！先走囉！
衝

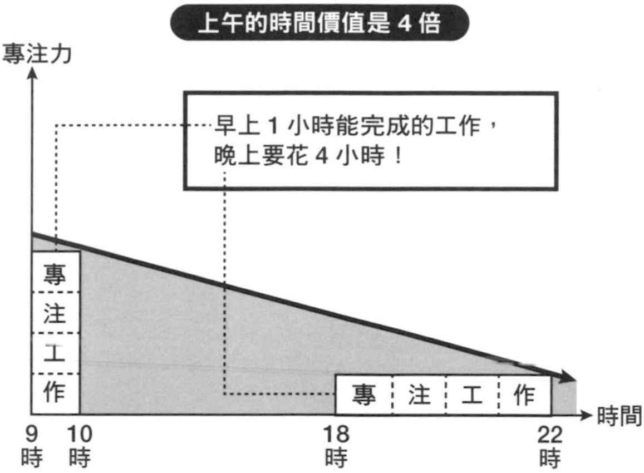
上午的時間價值是4倍
專注力
早上1小時能完成的工作，
晚上要花4小時！
專注工作
專注工作
時間
9時
10時
18時
22時

TIMEHACK 2

一天當中最能夠發揮專注力的黃金時段

時間×專注力的思維

過去我們以為的時間管理，就是減少浪費1小時，再將這多出來的1小時善加利用。但這樣一來，如果要達到2倍的工作成果，還是必須付出2倍的時間。

然而，本書的「腦科學時間術」並不是只考慮「時間」，而是**以「時間×專注力」的面積來思考，**這是一個嶄新的概念。換句話說，**同樣的1個小時，若有2倍的專注**

力，工作效率也是2倍，就能完成2倍工作。專注力若是4倍，就能做4倍的工作。4個小時的工作在1小時內做完，等於就多出「3個小時」了。

把握大腦的黃金時間

在一天當中，我們專注力最高的時段就是「早晨」。起床後的2到3小時，經過一夜的睡眠，大腦是已經重設好的最佳狀態。大腦不疲勞，才能發揮極高的專注力，這個大腦運轉的最佳時段，我們稱為「大腦的黃金時間」。

早晨開啟工作的最初1小時，是工作最有效率的時間。**最好能趁著上午的時間，將當天70%的工作完成。**

你手上的工作，應該有需要高度專注力的「**專注工作**」，還有不太需要專注力的「**非專注工作**」。「專注工作」可能是流程比較繁複、不容許失誤，或是需要非常專心注意的事務。通常是特別重要的工作，或是不能延遲的工作。

這種工作更是要趁著早晨「大腦的黃金時間」來進行。原本1小時能完成的專注

早上起床後的2到3小時是大腦的黃金時間。
TIME HACK
ス
チャ
剛睡醒的大腦就像是空無一物的桌子。
隨著時間過去，我們會往桌上堆放各種東西。
最後就會變成這樣，再也放不下任何東西了！
亂七八糟一堆

工作，如果安排在大腦和身體都陷入疲勞的傍晚後，可能要花上4小時。換句話說，早晨的1小時足以抵過晚上的4小時。

吸收資訊要趁「早晨」

大家早上到公司，都最先做什麼呢？大概是先查看電子郵件或簡訊吧。郵件回覆就是典型大腦疲勞也能進行的非專注工作。一開始上班先花30分鐘查看郵件，你就已經失去最精華的「2小時」大腦黃金時間了。

還有，許多人為了自我投資，會用功讀書準備證照考試，通常都是利用下班時間努力研讀。但是我想請問，你覺得這樣的讀書效果好嗎？經過一天的高強度工作，整個人早已經精疲力盡，在一天當中專注力最低的時候，書再怎麼讀也讀不進去吧。

你應該改成「提早1小時起床」，利用這個時間用功，才是正確的「早晨安排」。因為時間受限，刺激正腎上腺素分泌，專注力和記憶力都會升高。比起晚上帶著疲勞的身心，效率不彰地苦讀2小時，改為利用早晨1小時全神貫注，理解力和記憶力都是最佳狀態，學習效果也更加顯著。故事中春子醫師建議真宮將吸收資訊的時間從「晚間」改成「早晨」，也正是因為這個道理。

專治早上發呆的人

早晨時常精神不振的人，可能會認為：「說什麼早上專注力最好，騙人的吧！」那是因為早上剛醒的時候，大腦和身體都還在沉睡狀態，所以我們需要一些例行公事，讓自己清醒過來。

有些人沒辦法自動讓副交感神經（夜間神經）切換成交感神經（日間神經），

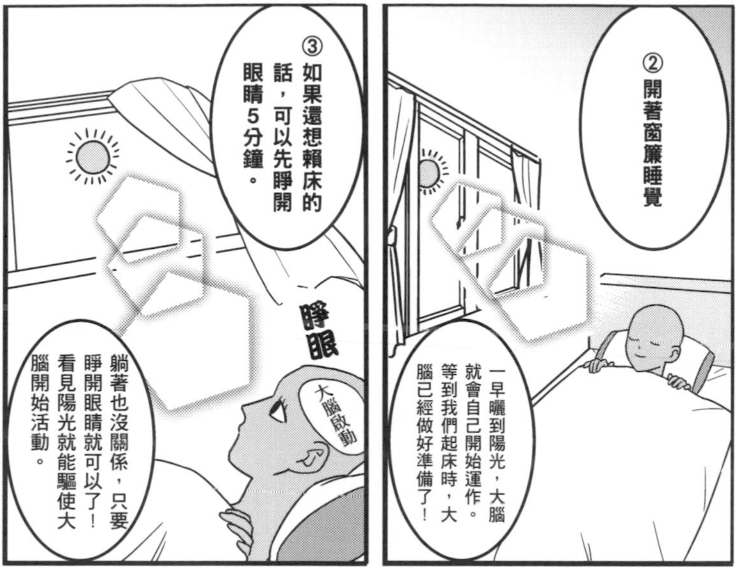
②開著窗簾睡覺
一早曬到陽光，大腦就會自己開始運作。等到我們起床時，大腦已經做好準備了！
③如果還想賴床的話，可以先睜開眼睛5分鐘。
睜眼
大腦啟動
躺著也沒關係，只要睜開眼睛就可以了！看見陽光就能驅使大腦開始活動。

也無法啟動清醒與專注的腦內物質「血清素」，所以他們就會整個上午都是恍恍惚惚的狀態。原本最好趁著上午完成當天70％的工作，如果上午都這樣恍恍惚惚過去，就等於白白浪費大半天了。

以下5項例行公事，可以有效幫助你啟動「血清素」和「白天的神經」。

①開著窗簾睡覺

看見陽光，腦內就會自動開始合成血清素。血清素可以使人打起精神，感覺神清氣爽，產生「今天也要努力工作！」的欲望，充滿活力。

早上如果是靠著鬧鐘叫醒自己，房間還

是暗暗的，體內的血清素幾乎是零，這時人會產生「不想起床」、「不舒服」還有「不想上班」這些負面情緒也是可想而知的了。

開著窗簾睡覺，睡醒睜開眼睛，就能同時啟動血清素，讓起床的感覺更加舒服。

②睜開眼睛5分鐘

早上鬧鐘響了，還是有人會繼續縮在被窩裡「再睡10分鐘」。但其實你應該做的事正好完全相反。**開著窗簾，讓陽光照進來，你可以繼續躺著，但要睜開眼睛。**一邊在心裡確認今天安排的工作，3分鐘過後，頭腦就會清醒過來。只要5分鐘，保證睡意全消，很輕鬆就能起床了。

③早晨淋浴

早上剛起床，是副交感神經（夜間神經）處於比較活躍的狀態。如果沒有切換成交感神經（日間神經）主導模式，大腦和身體就會繼續恍恍惚惚。而切換交感神經最有效的方法，就是沖澡。**沖澡可以使體溫和心率上升，強制身體切換到交感神經。**

早晨散步的重點

❶ 起床後 1 小時內

❷ 沐浴在陽光下

❸ 5 ～ 15 分鐘

❹ 快步走，保持節奏

❺ 抬頭挺胸

如果這麼做還沒辦法清醒的人，可以沖冷水澡，我自己每天都會沖冷水1分鐘。

④早晨散步

刺激血清素活性最有效的方法，就是早晨散步。**除了提高血清素的活性，還有「重設生理時鐘」的效果，讓我們在夜晚更容易入睡，也更能熟睡。**

工作繁忙的人，如果能堅守早晨散步的重點，利用通勤時間健走是很不錯的方式。早晨的健走能讓上午的專注力倍增，只要15分鐘，上午的工作效率就會大幅提升。也就是說，工作越忙就越應該保持早晨散步的習慣。

⑤早餐

早晨精神不濟的人，通常都不太吃早餐。早餐除了能量補給以外，還有一個重要的功用，就是**同步全身的生理時鐘**。

曬太陽可以重設大腦的生理時鐘，但是全身各個器官的生理時鐘，卻還是不能一致。吃了早餐，血糖上升，胰島素就會對全身器官發出指令：「要開始一天的活動了！」建議大家早餐要**多吃含有色胺酸的食物，可以促進血清素合成。例如糙米、納豆、雞蛋、香蕉等。**

咀嚼食物可以消除壓力

充分咀嚼食物也是一種「節奏運動」，可以刺激血清素的活性，大家要多吃口感好的食物，每一口至少咀嚼20次。嚼食口香糖也可以促進血清素活化，還可以緩和緊張的情緒，對消除壓力也相當有效。而口香糖至少要嚼15分鐘，效果更好喔。

第3章
分心退散，找回失去的專注力！
Wink Nap 瞬間小睡
聽說後藤部長他們部門的事了嗎？
竊竊私語…
啊啊…好像有一點糾紛。
窸窸窣窣…
就是那個風間啦…
叮咚
!
風間前輩
今天
好久不見！有空的話，一起去喝一杯吧！
耶耶耶!!
Good!!
按

哇——上次跟前輩這樣坐在一起喝酒，已經是大學時候了呢。
我們在同間公司上班，可惜是不同部門，連見個面都很難得。
第2營業部1課
風間健太
我曾經傳過幾次訊息給你喔。
我們進同一家公司耶！
請我喝一杯吧～
我太忙了，沒時間回覆妳呀。
對了！前輩你待的那個部門主管，
我記得是後藤部長對嗎？
對啊。

後藤部長工作幹練，又熱衷於參加各種慈善活動，真是個積極又善良的人！
她是我的偶像！
第 2 營業部部長
後藤真理子
呵呵…
不過，她這麼能幹，我也很傷腦筋。
要是想隨便打混，可逃不過部長的法眼…
這樣啊…

不好意思，我們差不多要打烊了，麻煩您先結帳。
喔喔，我們也該走了。
咦…？
抱歉，應該是我請妳的，竟然錢沒帶夠。
沒關係！我也已經出社會了呀！
這頓飯當作請客戶吃飯，我拿收據回公司報帳，回頭再還妳。
嗯…這樣沒關係嗎？
一頓飯的錢，還是可以報帳的，我平時也是盡心盡力在工作。
……
啊！對了！
靈光一閃
？

所以我就帶前輩來找您了！
不好意思，這也不是多嚴重的事…
不要緊，趁狀況還沒有變嚴重之前，才更應該要來！
打呵欠
睡眠不足嗎？
我那個部門應酬很多…
導致我常常白天很疲倦，工作進度緩慢，總是弄到很晚才能下班回家。
想調整成正常的生活作息，最好要確保晚上的睡眠時間喔。
我應該怎麼做呢？

TIME HACK
簡單說！就是按下專注力的更新鍵！
専注力的更新鍵!?
砰
如果我們在上午一直工作，專注力就會跟著生理的清醒度一起降低，也會感覺很疲倦。
對吧？
打瞌睡…
打瞌睡…
PC
尤其是14點到16點，我們會特別想睡覺。
所以我們要預估疲倦的時間，先按下專注力的更新鍵！
更新鍵有好幾個。
更新
我撐不住了！我要按下去了！

第1種更新鍵就是
運動!!
健走
有節律的運動最好
深蹲
伸展
只需要短短的時間，
就可以有效恢復清爽。
第2種更新鍵是
改變場所!!
咖啡廳
家庭餐廳
換個地方工作，可以刺激大腦活躍！
第3種更新鍵是
吃午餐!!
充分咀嚼，好好吃頓飯可以刺激腦內物質分泌，幫助恢復專注力！
另外，還有一個方法…可以一次按下這3種更新鍵。

開發新目標！
午餐覓食逛街計畫
哇啊啊啊
到外面走走，曬曬陽光，逛街也算是一種運動，探索新餐廳，點一份沒吃過的餐點，
等於一次按下3種更新鍵。一舉三得，很完美吧！
原來如此，上班族的午餐覓食，竟然也暗藏著時間管理的祕訣……
剛好我還沒吃午餐，今天就走到車站對面看看吧。
快去吧！
太好了，前輩！

嗯～看起來很好吃。
偶爾這樣也不錯嘛。
快速打字
哦…
喀
嚓
工作好像…
啪
比平常…

更早完成了！
1:00
10:00
休息的時候，就不要看手機，讓大腦好好休息。
刻意睡一下，叫做強力小睡（Power Nap）。10分鐘的迷你睡眠（Mini Nap），或是1分鐘的微睡眠（Micro Nap）都可以有效幫助精力恢復。
欸，5分鐘後叫醒我喔。
沒問題
‧‧‧‧
12
11
1

好順利…
真的太順利了！
只是小睡了5分鐘。
全開
強力小睡真是太有效了！
辛苦了～
明天見—
啊，已經這麼晚了。
不知不覺太專心工作了…
風間，你可以來一下嗎？

後藤部長…
這個月報的帳…
パサッ
丟
太離譜了！

怎麼回事？這些錢不能全叫我自掏腰包啊。
而且這本來是部長您的…
給我住嘴！
嚇
最近公司怪怪的，已經有兩個人因為「那個計畫」遭到懲處了…
我們不能太明目張膽，所以這些帳我都不能蓋章。
之後的事明天再說吧。
等一下8點到會議室B。
那個計畫？

……
……
竊竊私語
竊竊私語
欸欸，最近風間那個部門，好像不太妙？
報假帳的人其實是後藤部長喔。
開門…
風間，有勞你了…

嗡
嗯…妳是誰？
嗡 嗡
妳在等風間對嗎？我已經讓他先下班了。
憑誰的權限？
是勞工健康服務醫師…
喔不，應該說是特定企業對策室的權限。
嗡 嗡 嗡 嗡
原來如此…最近接二連三的懲處都是妳搞出來的，對吧？
是的，而這次目標指導對象就是您。

我已經做了很多調查，
發現您的部門申請經費的情形比其他部門多很多。
翻資料
因為我們經常要招待客戶…
這樣呀！還有慈善活動，您也很積極呢…
笑
……
越是支持您的部下，您就越器重他們。
他們申請報帳的經費金額也都很大呢。
我並沒有刻意器重誰啊…
我是相信他們，才會把難搞的客戶交給他們去接洽，難免要多花點錢，這也是可以理解的呀…

妳還要狡辯是嗎？
喀噠
ガタッ
那我就開門見山直說了。
妳利用對部下的考核，要求他們捐錢給那些與妳勾結的慈善團體。
籌不出錢來捐獻的部下，妳就逼他們報假帳⋯
鏗
鏗
我有說錯嗎——？

吵死人了……
一定是風間去告狀的，對吧？
咻
哼
奸笑……
想要我蓋章，就放馬過來吧！

咚
那妳就是承認了。
強制執行！
喀
物盡其用…
到底有什麼不對!?
哪裡不對！
喀
速度好快
而且力量好大！
喀
喀
妳以前可能經歷過不愉快的壞事，
但這都跟妳的部下沒有關係啊。
喀

說得真輕鬆啊。
我不管妳是搜查員也好…
咚
ドゴ
或是女人也罷…
在這個公司，傻呼呼的女生只會被大家欺負。
等等，妳現在竟然…在睡覺？
呼…呼…
ガビーン
不可思議
呼…
スゥ…
呼…
スゥ…

カッ
醒來
ウィンク・ナップ
瞬間小睡
利用瞬間小睡一下，提升專注力。
閃
閃
閃
完美躲過攻擊！

回擊
倒地

我以為憑我這個「鐵臉皮」可以贏得了…
真可笑。
只不過是個綽號…
哼哼…剛進公司的時候，同事給我取的這個羞辱綽號，到現在也還一直流傳著…
失敗也好，出糗也罷，只要陪笑臉、忍耐一下，什麼工作我都接…
小聲議論
窸窣窸窣
笑嘻嘻
笑嘻嘻
不知不覺，我的膽子越來越大…
逼員工報假帳，從公司挖一些不起眼的小錢。
我能在這家公司當上主管，靠的就是這樣的厚臉皮…

妳這種行為，我完全不能認同。
看著妳有樣學樣的女職員，一定很多。
不過，妳說的那個計畫……
是什麼？
……
呵呵呵。
到時候就知道了……

TIMEHACK

3

疲勞之前就要先休息，為下半場暖身的強效午休法

專注力更新，歸零再啟動！

前面說過，我們的專注力在上午時段會達到最高，到了下午，就會漸漸降低。不過，你應該也跟小夏的風間前輩一樣，希望「下午的工作也能保持高度專注力」，對吧。

因此，我們需要更新專注力的效能。但真的有辦法更新嗎？當然有。

①運動

更新專注力最有效的方法就是「運動」。經常久坐，除了對全身的血液循環不好，大腦的活動力也會降低。若能**趁著工作的空檔，或是利用休息時間，做一點簡單的運動，就可以刺激大腦活化，恢復專注力。**

例如，要去其他樓層時，選擇走樓梯而不是搭電梯，這就是一個很好的運動。甩甩手、扭扭肩、簡單的伸展動作等，也都很好。

在家中從事遠距工作的人，趁著休息時間做做深蹲或仰臥起坐，短短3分鐘也可以，找空檔讓自己動一動、流點汗。

如果不方便運動，不妨「站一會」，這也算一種輕微的運動，可以刺激大腦活化。查看表格或是校對原稿之類的簡單工作，都可以站著進行。我非常推薦大家嘗試「站著工作」。

到外面走走，曬曬陽光，逛街也算是一種運動，探索新餐廳，點一份沒吃過的餐點，
等於一次按下3種更新鍵。一舉三得，很完美吧！
原來如此，上班族的午餐覓食，竟然也暗藏著時間管理的祕訣…

② 改變場所

一直都在同一個地方工作，是很枯燥的事。偶爾換個地方，大腦會變靈活，這樣就能更新專注力了。因為**移動或轉移陣地，可以活化海馬迴中的「位置細胞」。**

在公司的自由空間，或是沒人使用的會議室、咖啡廳等，轉移陣地幾個小時，可以防止專注力降低。

③ 吃午餐

運動或是換地方工作，可能對某些人來說，還是有點困難。那麼我再推薦一個好方法，那就是外出午餐。找一家離公司大約走路5至10分鐘距離的餐廳，到那裡吃午餐。一趟來回就是10分鐘的運動，還可以改變場所，讓大腦得以活化。漫步在晴空下，促進血清素分泌，發揮轉換心情的效果。

沒去過的餐廳或是沒吃過的餐點，會讓人「眼睛一亮」，可以有效刺激發揮創造力的腦內物質乙醯膽鹼活性。

一直坐在自己的位子上吃便當，是最糟的休息方式。寧願花個幾分鐘，走到天台、露台或是公園，找個視野良好的地方，坐下來享用午餐，對於心情和專注力的重新恢復，非常有效。

「工作太忙了，連吃午餐都沒空出去。」有些人會這麼抱怨。但是，忙碌的時候，更需要轉換心情來提升專注力，下午的工作才能有良好的表現喔。

小睡一下的驚人效果

下午容易昏沉想睡覺的人，可以利用午休時間「小睡」5分鐘。

小睡可以提升專注力和記憶力，全面改善大腦的運作表現。**根據美國NASA**

的研究，小睡26分鐘可以提升工作效率34%，以及注意力54%。

每天30分鐘以內的小睡，阿茲海默症發作的風險會降到20%。每週至少3次、每次睡30分鐘午覺的人，可降低死亡率37%，心臟病導致的死亡率甚至可減少64%等，有許多健康效果。

適當的小睡時間大約是20至30分鐘。超過30分鐘，就會漸漸產生反效果。午睡超過1小時，大腦反而會變遲鈍，甚至可能影響健康，例如經常午睡60分鐘以上的人，是阿茲海默症或糖尿病的高風險群。

小睡時間沒辦法達到20分鐘的人，3至5分鐘也可以。光是趴在桌上閉目養神，就有接近午睡的休息效果。如果是小睡5分鐘，利用工作的空檔也是可行的。戴上眼罩，阻絕光線，就能夠很放鬆了。

故事中的風間正是利用5分鐘小睡，而順利恢復專注力。越是睡眠不

休息的時候，就不要看手機，讓大腦好好休息。
1:00
10:00
刻意睡一下，叫做強力小睡（Power Nap）。10分鐘的迷你睡眠（Mini Nap），或是1分鐘的微睡眠（Micro Nap）都可以有效幫助精力恢復。

足、經常疲勞的人，越能感受到短時間小睡的驚人效果。

不良休息前3名，你中了幾樣？

①累了才休息

休息應該要定時安排在感覺到疲勞之前。若是那種自己明顯感覺到「我好累」的疲勞，短短10至15分鐘的小休息是無法恢復精神的。還有研究指出，因休息不足導致的疲勞累積，就算是一整晚也恢復不了。**捨不得短暫的休息，結果卻是賠上好幾個小時的專注時間。**「工作120分鐘，休息20分鐘」不如「工作60分鐘，休息10分鐘」。許多科學研究都指出，在感覺疲勞來襲前，稍作休息，可以避免疲勞累積，讓工作更順利進行，保持生產力。希望這個觀念能夠成為職場上班族的常識。

②看手機（視覺過度疲勞）

休息時間要做什麼？大家最常做的，就是看手機吧。要知道，**看手機是最糟糕的**

休息，只會使大腦比沒休息還疲勞。

處理視覺信息需要耗費大腦90%的容量。工作中以文書作業為主的人，平時打電腦、看文件，幾乎都是需要大量使用眼睛來處理視覺信息的業務。換句話說，視覺工作已經讓大腦和眼睛夠精疲力盡了，休息時間再繼續看手機，只是讓大腦和眼睛更加疲勞而已。

③久坐

有研究指出，久坐1小時，壽命會縮短22分鐘。可見久坐對健康有非常不好的影響。體內血液循環不好，大腦也不會靈光。我們上班的時間幾乎都坐著，至少休息時間應該要「站起來」、「四處走走」，做些簡單的伸展體操才對。

如果休息時間習慣看手機，而且人幾乎都是坐著，「大量的視覺信息」和「久坐」會產生雙重的有害影響，相當不利於我們的工作表現和健康。

適合上班族的良好休息

我最推薦的良好休息，就是與人交流、聊天、話家常。

做一些與工作無關的事，便是讓大腦休息。由於主要從事文書工作的人平時大量使用語言腦，若能利用休息時間與人交流，有助於刺激感性腦活化。

輕鬆聊天、閒話家常，會刺激與愛相關的腦內物質「催產素」分泌，催產素是一種幸福賀爾蒙，有很好的放鬆效果，更有人稱之為「療癒」物質。

根據職場閒聊的研究，要達到休息效果良好的閒聊，必須關閉「工作模式」。換句話說，與工作完全無關的話題、八卦、笑話等，都可以達到很好的休息效果。

第4章

積極休息，擺脫工作的疲勞！
Second Golden Time 第二段黃金時間

好漂亮的女生…
那個，請問…
妳還好嗎？
嗚嗚…妳願意聽我說嗎？
!!?

不好意思…正是忙碌的時間，臨時要妳在這裡陪我。
我已經進公司第二年了…
現在是擔任油谷專務的祕書。
祕書課
城之崎惠
專務董事
油谷茂
說是祕書，其實都在陪專務去酒店或料亭應酬…
哈哈哈…
每天都很晚才回到家…

然後早上又疲憊地趕著9點上班…
Zzz…
而專務最早也是中午過後才會到公司…
前幾天，我鼓起勇氣向專務說，
「現在的狀況我很困擾，希望可以擔任正經的工作。」結果他卻…
城之崎，妳以為妳還能做什麼啊？
跟在我身邊幫忙陪笑臉就好了呀…

妳就是靠那張臉長得漂亮才錄取的呀。
我…根本就被當作花瓶。
我越來越沒有自信，做什麼都不能專心，工作也完全沒有進展…
好過分…
謝謝妳剛才關心我，我太高興了，一時忍不住…
如果妳願意，我隨時可以陪妳聊喔！
不過，我知道有人更適合幫妳解惑！

就是這麼回事…
原來如此。
我現在可以馬上做的，就是以勞工健康服務醫師的身分幫妳寫意見書讓妳請假…
我不要請假！
我想靠自己的實力讓專務對我刮目相看！
我聽說，醫生您有辦法激發別人的潛力…
好吧…不過我還是擔心妳，記得要定期來找我聊聊。
答應我，好嗎？
嗯嗯，我知道。
那我們可以先…

製造第二段黃金時間！
呃…什麼是黃金時間？
起床後的專注力最好，這是第一段黃金時間。
但是一段時間過後，專注力會漸漸降低。
這時，我們就要想辦法再製造一次黃金時間。
……
TIME HACK

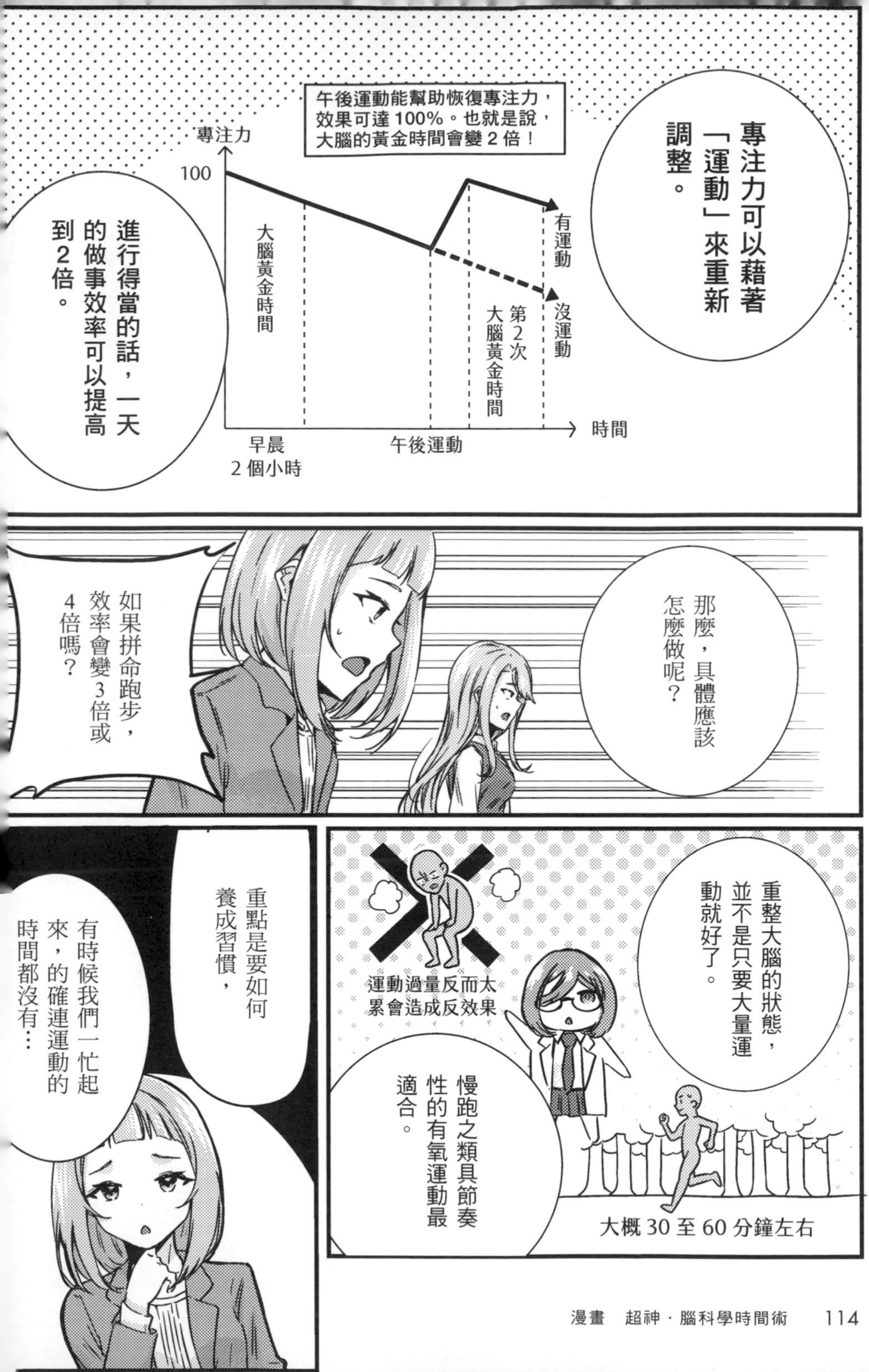
專注力可以藉著「運動」來重新調整。
午後運動能幫助恢復專注力，效果可達100%。也就是說，大腦的黃金時間會變2倍！
專注力
100
大腦黃金時間
第2次大腦黃金時間
有運動
沒運動
時間
早晨2個小時
午後運動
進行得當的話，一天的做事效率可以提高到2倍。
那麼，具體應該怎麼做呢？
如果拼命跑步，效率會變3倍或4倍嗎？
重整大腦的狀態，並不是只要大量運動就好了。
運動過量反而太累會造成反效果
慢跑之類具節奏性的有氧運動最適合。
大概30至60分鐘左右
重點是要如何養成習慣，
有時候我們一忙起來，的確連運動的時間都沒有…

剛開始先定好一週運動1次。
這天不安排其他事！
成功了之後，再改成一週2次、3次，就不是那麼困難了。
跳過去
一週1次
一週2次
一週3次
「下定決心執行到底！」先努力跨過這一關吧。
我絕對要運動！
最好向其他人宣布這天沒辦法安排任何事。
真的嗎？
竟然！
還有一件事，一定要記得疲勞和壓力必須當天就消除。
疲勞
壓力
看我的厲害！
カキーン
這裡有兩個重點！

第一點——
必須張弛有度！
專心工作之後，就要有等量的時間好好休息。
PC
工作
砰
乾杯～!!
下了班，就忘掉工作的事吧。
與別人互動，心情可以得到慰藉，大腦會分泌催產素。
催產素
請問!!
城之崎小姐，我們可以一起去吃午餐！

第二點，睡眠要發揮最大效果！
おかし
喔喔喔
睡前２小時
避免做這些事
睡眠比什麼都重要，睡前2小時做的事都會影響睡眠品質。
睡前２小時
適合做這些事
這段放鬆時間，要放在最優先位置預留起來！
累積到週末才恢復
當天100%恢復
疲勞和壓力放到隔天，工作就會越來越沒效率。
與其週末睡大頭覺，不如每天都有好好地充分休息、恢復精神，
才能保證一整個禮拜都有良好表現。
步步
ドドドドド
逼近

養成運動的習慣，而且疲勞和壓力絕對不要累積到隔天！
鞠躬
鞠躬
睡眠
運動
執行春子醫生的建議，一個禮拜後⋯

本來還擔心會不會休息太久，結果工作進行得很順利，太好了。
週末還能安排時間進修…
嗯～
♪～
根本就沒有睡覺會睡傻這回事嘛。
喀…
城之崎，妳又要休息了？
為了工作能更順利，我需要休息…
哼——
啊，是油谷專務…
是沒關係啦，不過既然妳那麼有空，這邊都交給妳好了。
咚

前陣子我孫子出生拍的相片，印成了這些明信片，
妳就簡單幫我寫一下收信人、地址，還有一些問候的話。
這些…全部都要手寫嗎？
當然啊，這可是要表示誠意的耶。
月底前要寄出去喔。
月底…
那不就只剩今天和明天！
這麼簡單的工作，妳沒問題吧。
……！

等等…我算一下，
寫1張大概要3分鐘。
以最簡單的計算方式，就要花30小時！
不然，隨便寫一寫？
不行，可能會被說閒話…
非常有力氣的男孩子，出生時雖然只有兩千五百公克，哭聲可不輸給任何人。現在每天幸福充實，謹以此箋聊表感謝

醒來
ハッ
油谷專務!!
呃
オオオオォ
呃
呃
半夜一點了。
01 : 26
對不起，我…不知不覺睡著了…
城之崎，妳怎麼手寫這麼多啊？
什麼…？
我說的是手寫一句簡單問候耶。
妳根本沒有聽懂我的指示啊，
還有，之前工作也都在摸魚，對不對啊？
スッ…
搭肩…

這麼想休息的話，我知道一個好地方喔。
ドクン…
心跳加快…
ドクン…
心跳加快…
ドクン…
心跳加快…
不過，我不會讓妳睡著的。

馬上放開她！
砰！
什麼東西！誰啊？
我是勞工健康服務醫師，
小夏告訴我，想聯絡城之崎小姐卻一直沒有消息，我就過來看看…
你這個爛人！
喀喀喀喀
……
起來
不要這麼兇嘛。
是不是沒有得到滿足啊？
鹹豬手…
ぬる…
以前這種性騷擾事件，
甚至強制猥褻，都只會在公司內部被草草處理。
啪

是以現行犯逮捕！
砰
現在——強制執行，不對……
看我的！
咻
碰

咦？
散落一地
バサァ
履歷書
這些履歷表…
都是來面試的女孩子？
嘔嘔嘔
ゴゴゴゴ
べろ
舔…
我的眼光不錯吧？
有時候，這些東西還可以賺點外快呢。嘻嘻嘻…
砰
砰
砰

哎呀，這些都是橡膠子彈嘛。
打這個對我沒用啦。
鏗
鏗
轉轉
轉轉
轉轉
轉轉
轉轉
轉轉
送妳升天棒
碰
碰
碰
碰
很會打節奏嘛。
剛好是最適合我的有氧運動。
咚
轉身跳

第二段
咚
咚
咚
咚
出拳

黃金時間!!
咚
咚
咚
咚

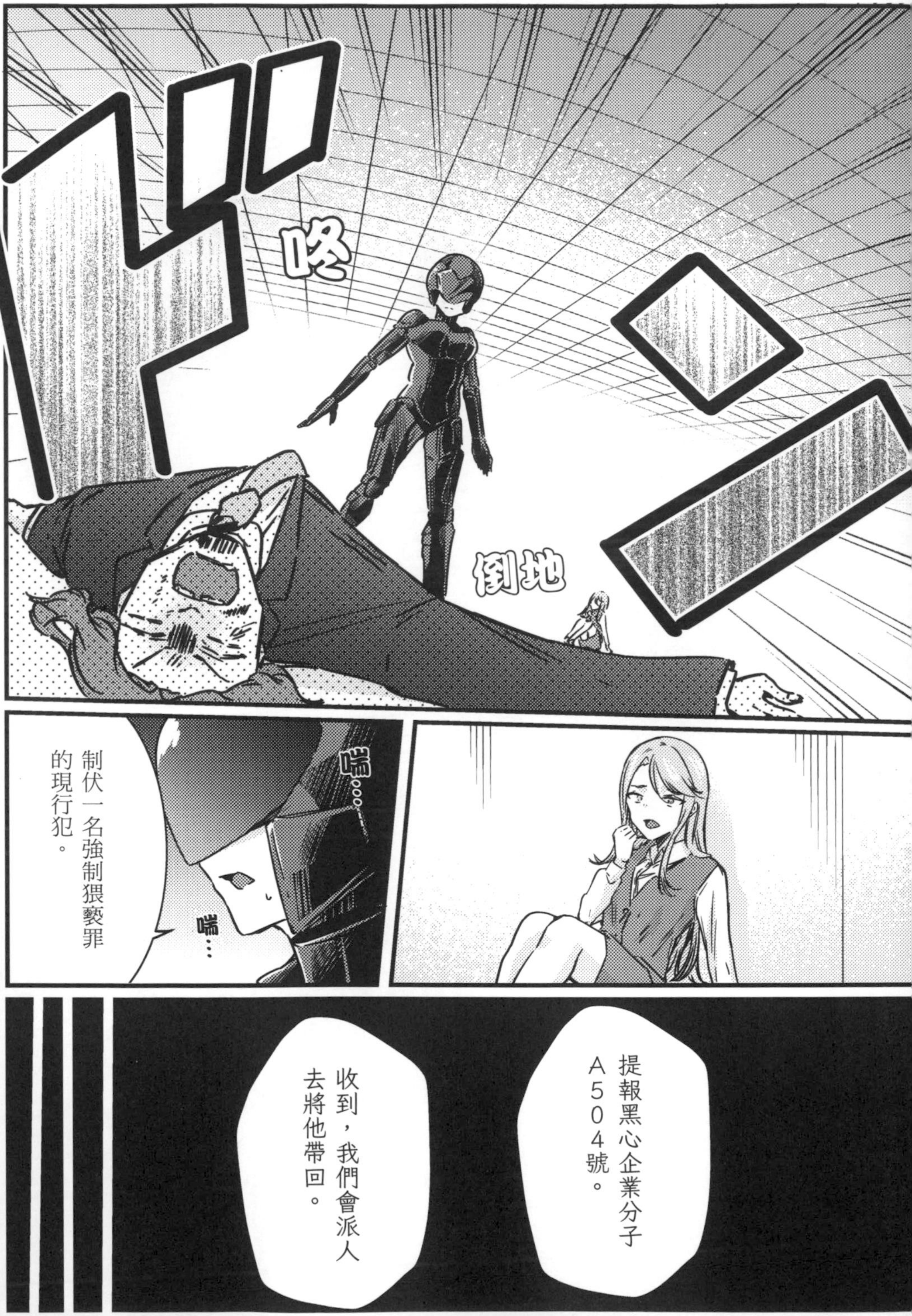
咚
倒地
制伏一名強制猥褻罪的現行犯。
喘……
喘……
提報黑心企業分子A504號。
收到，我們會派人去將他帶回。

TIMEHACK

4

工作以外的時間，要有充實的運動和睡眠

10分鐘就能做到的運動更新法

起床後的那幾個小時，整個人會感到神清氣爽，非常適合從事需要高度專注力的高品質工作，這段時間我們稱為「大腦的黃金時間」。不過，隨著時間慢慢過去，大腦會漸漸疲勞，專注力也會跟著降低。

有沒有什麼方法，可以讓人在傍晚或夜間也有高度專注力呢？

當然有，那就是運動。

短短10分鐘的健走，就能刺激多巴胺分泌。多巴胺可以提升專注力和做事的動力，工作效率或學習效率也會變好。

或是一段30分鐘以上的有氧運動，進行適度流汗的中度運動，大腦會大量分泌多

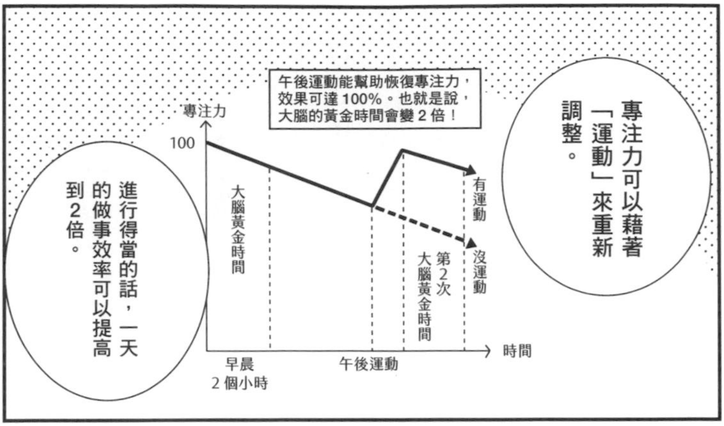
專注力可以藉著「運動」來重新調整。
午後運動能幫助恢復專注力，效果可達100%。也就是說，大腦的黃金時間會變2倍！
專注力
100
大腦黃金時間
第2次大腦黃金時間
有運動
沒運動
時間
早晨2個小時
午後運動
進行得當的話，一天的做事效率可以提高到2倍。

巴胺、正腎上腺素、血清素等，提高專注力或工作意願的腦內物質。重量訓練搭配有氧運動也是非常好的組合。

藉著運動，讓大腦再次恢復到早上剛起床的狀態，原本疲倦的大腦又能甦醒過來，變得活力十足。**換句話說，運動後的幾個小時，我們可以當成第二段「大腦黃金時間」，好好利用。**

利用工作空檔的休息時間，散步到便利商店。簡單10分鐘的散步，就有改善專注力的效果。又例如「送文件去其他部門」，可以走樓梯，步調加快一點，這就是很好的運動。

還有，下班後去健身房。花1個小時

重整大腦的狀態，並不是只要大量運動就好了。
運動過量反而太累會造成反效果
慢跑之類具節奏性的有氧運動最適合。
大概 30 至 60 分鐘左右

讓身體好好流汗，也是很好的安排。這樣一來，運動後的幾個小時專注力和記憶力升高，剛好可以用來準備證照考試或學習外語。如果沒有先採取「運動更新法」，下班回到家後，就算想讀書，可能也會腦袋昏沉讀不下去。

注意不要運動過量

話說回來，運動過量對大腦運作可能反而會產生不好的影響。例如，持續幾個小時的高強度重量訓練和有氧運動，就會產生反效果。**身體太疲勞，血液和能量全都集中去恢復肌肉和身體狀態，反而降低大腦的活**

性。如果運動後感覺頭腦昏昏沉沉，或是想睡覺，那就是運動過量了。

要刺激大腦活性、提高專注力，運動時間控制在30分鐘以上，大概45至60分鐘左右是比較適當的。運動之後，人會明顯感覺神清氣爽，而且有力氣「再拼一段」，這就表示多巴胺等刺激大腦活化的腦內物質正充分發揮效果。

養成運動習慣，越動越聰明

平常不運動的人，如果一週運動1次，在運動當下到運動結束後的幾個小時，大腦就會額外分泌出提高專注力的物質。換句話說，我們可以藉此獲得極有限的第二段「大腦黃金時間」。

一星期運動2到3次，每次30分鐘以上，養成習慣，刺激血清素、多巴胺自我加強，作為體能基礎的專注力就會自然提升。換言之，平時的專注力提高了，大腦就比較不容易感覺疲勞，延長專注力的持久度。

此外，30分鐘以上的有氧運動，還能促進**BDNF（腦源性神經營養因子）**分泌，

這個被稱為「大腦肥料」的物質，可以強化大腦的神經迴路。簡單說，就是「變聰明的物質」。

養成運動的習慣，並堅持幾個月，你每天都會感受到專注力和記憶力正在升高。頭腦變聰明，就能在工作上好好表現。真是非常驚人的效果。

壓力不要放隔夜

相信有很多人星期一、二的時候都還精神抖擻，但到了星期四、五，越接近週末就感覺越疲勞，工作表現也變得不甚理想。如果一整個星期都能表現得跟「星期一」一樣，你的工作應該會比現在要順利許多。

換言之，當天的「疲勞」和「壓力」若能當天就完全消除，你就可以像超級英雄一般，交出亮眼的工作成果。

所以我才說「壓力不能放隔夜」。那麼，具體應該怎麼做呢？

首先，要懂得切換交感神經和副交感神經。交感神經（日間神經）就像是汽車的油門，而副交感神經（夜間神經）就是剎車。下班回家後，特別是睡前2小時，要為我們的心靈和身體踩剎車。在晚間刻意安排輕鬆、悠閒的時光，人就會自然切換到副交感神經。這能讓我們進入深度睡眠，幫助我們從壓力和疲勞恢復過來。

但是，有很多人在這時候反而還去啟動交感神經。打電玩或看連續劇等娛樂活動，都是讓大腦感覺「好開心！」「好有趣！」的興奮狀態。事實上，半夜還在打電玩或看連續劇的人，上了床大多不能馬上入睡。

另外，在夜間、睡前看手機也很不好。**手機螢幕的藍光與白天天氣晴朗時的陽光波長相同，換句話說，一直看著手機，大腦會以為「現在是白天！」，因而抑制幫助入睡的褪黑激素，這無異是將睡意完全消除的舉動。**

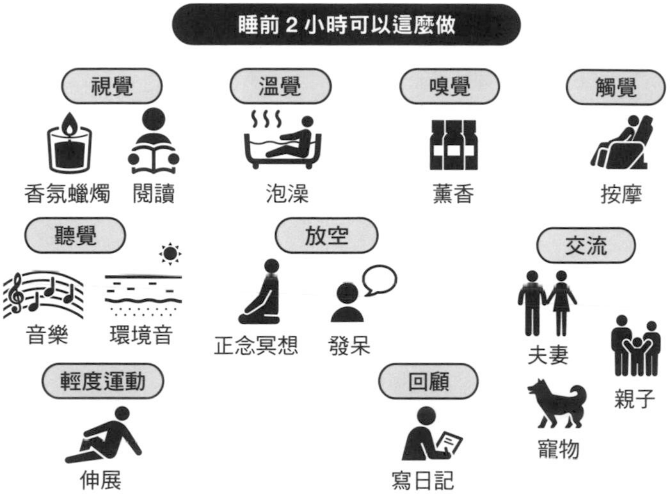
睡前 2 小時可以這麼做
視覺
香氛蠟燭
閱讀
溫覺
泡澡
嗅覺
薰香
觸覺
按摩
聽覺
音樂
環境音
放空
正念冥想
發呆
交流
夫妻
親子
寵物
輕度運動
伸展
回顧
寫日記

如上方圖示，放鬆時間可以做的事有很多。既然白天都處於忙碌、沒時間休息，在一天即將結束的時候，不妨為自己安排一個「悠閒時間」。

許多人以為「悠閒就是浪費時間」，但其實「悠閒」＝「放鬆、恢復」。**留1個小時的恢復時間，隔天可以少加班2小時，這就等於多賺了「1小時」。**

生長激素恢復法

故事中城之崎小姐除了上班，還要陪著晚上的應酬，導致回到家都已經很晚了，累積了不少疲勞。

要恢復精神，必須改善睡眠品質，即使時間很短，也要確保有深度睡眠才行。

睡前2小時要讓自己好好放鬆，有了深度睡眠，壓力或精神疲勞才能完全消除。如果沒辦法安排2小時，30分鐘也可以，總之一定要讓自己有一段完整放鬆、悠閒的時間。

不過，肌肉這方面身體的疲勞，需要另外的恢復方法。**我們體內有一種可以使身體疲勞完全恢復的賀爾蒙，就是生長激素。**

運動員每天都要進行好幾個小時的高強度訓練，但他們還是能夠在隔天睡醒後完全消除疲勞，並且一副精神抖擻的樣子，這就是運動促進生長激素大量分泌的效果。

反觀整天坐辦公桌的上班族，因為長時間打電腦或文書工作，多半都有肩頸痠痛的問題，或是同一個姿勢造成身體局部的疲勞，還有電腦工作致使眼睛疲勞等。久坐辦公桌的人不會分泌生長激素，這就是疲勞一直維持到隔天的原因。

生長激素是藉由有氧運動或重量訓練而得以分泌，因此，越疲勞越應該要運動。此外，適度運動可以改善肌肉的血液循環，使「疲勞物質」容易代謝。所以說，人處於疲勞的時候，運動才是最正確的解決之道。

第5章

速戰速決，加速縮短工作時間！
Brain Freeze 大腦急凍

聽說前幾天，妳引起軒然大波啊。
竟然在普通職員面前變身……
我很抱歉……
妳的心情，我們也不是不了解啦……
但是還是要提醒妳，不要超出特定企業對策室的任務範圍。
……

不過，那個油谷倒是說了一些耐人尋味的話。
我的行為…都是那個人害的，才會引起注意…
其他那些人也都是…
其他那些人指的是…？
應該是先前逮捕的那些黑心企業分子。
那個人會是誰呢…
如果之前發生的那些事全部都有關聯，就代表這一切──
很可能有幕後黑手。

あ啊へ〜ん姆
妳看起來心情很好的樣子。
嘿嘿〜〜
做了好久的大案子，終於快要結束了！

對了，妳的新工作怎麼樣？這次是在社長身邊耶。
跟以前不一樣，總算派給我一些像樣的工作了，不過也像樣地忙起來了。
如果有需要，還是可以找醫師聊聊喔！
!
那位醫師…

怎麼了嗎？
沒有…沒什麼啦！
哎唷～～
一～定～有～事！快告訴我啦。
開門…

鬼怒川社長⋯
ドーン
咚
ドドドド
噠
步
聲
社長
鬼怒川 仁
城之崎小姐，可以過來一下嗎？
是，有什麼事嗎？
社長室

咚
嗯…我聽說城之崎小姐…
妳的休息方法好像有點講究？
社訓
是的。
我完全是為了保持專注力，才會稍作休息的。
算是提升工作效率的準備操…
嗯，妳說的沒錯。
？
笑

最近我讓主管級的員工組成研究會，
叫他們討論出如何讓部下好好幹活⋯⋯噢，應該說是提升工作效率。
我就在想，有沒有人可以具體介紹一些方法。
如果妳有什麼好點子，可以教教我啊⋯⋯
鬆一口氣⋯
原來是這樣啊！如果是就我所知的範圍，
我明天做成簡報資料送過來！
嗯，麻煩妳了。
朱音身心科診所
本棟 2F
就是這麼回事，所以──

拜託您，可不可以再教教我其他方法！
城之崎小姐，我又不是企業講師…
那我就從勞工健康服務醫師的角度，告訴大家如何避免加班，維護身心健康好了！
醫生太棒了！
我們工作的時候，常常會不知不覺將瑣碎的工作雜務擱置，最後卻積了一大堆還沒完成，對不對？
我就老是這樣…
其實這些擱置的工作雜務也有一套處理的方法。
我稱它——
直覺工作法！

坐在那裡猶豫要不要做，就是在浪費時間，所以我們要先想好判斷標準。
TIME HACK
比如說，2分鐘以內能做完的工作就馬上做。
2分鐘可以做完的事情，像是回覆郵件。
馬上就能完成的事
就等一下再做吧～
哎呀！剛剛那封郵件在哪裡？
滑滑
急忙
反而浪費更多時間
回頭再到收信匣，翻找剛剛的郵件再重讀一遍，就無端多花了時間。
原來如此！但是為什麼要定2分鐘？
只是舉個例子啦。
不要鑽牛角尖啊
猶豫不決是最浪費時間的事。
名人棋士A花5秒鐘做的決定
直覺，其實都滿正確的喔。
這兩個判斷有86%會一樣!!
同樣是名人棋士A花30分鐘做的決定
所以，如果妳會猶豫，還不如順著直覺去做，就可以節省時間。

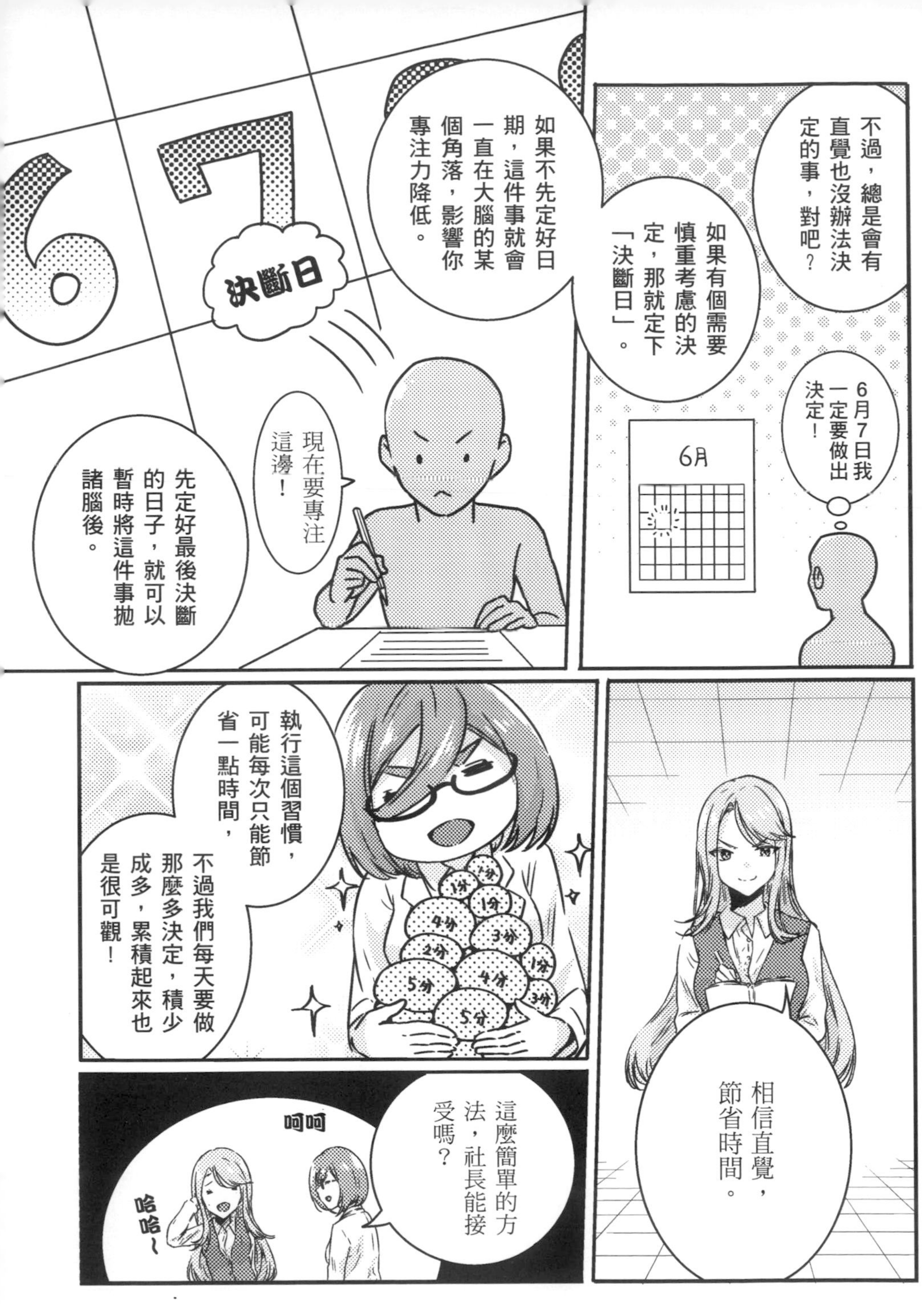
不過，總是會有直覺也沒辦法決定的事，對吧？
如果有個需要慎重考慮的決定，那就定下「決斷日」。
6月7日我一定要做出決定！
6月
如果不先定好日期，這件事就會一直在大腦的某個角落，影響你專注力降低。
決斷日
現在要專注這邊！
先定好最後決斷的日子，就可以暫時將這件事拋諸腦後。
相信直覺，節省時間。
執行這個習慣，可能每次只能節省一點時間，
不過我們每天要做那麼多決定，積少成多，累積起來也是很可觀！
這麼簡單的方法，社長能接受嗎？
呵呵
哈哈～

對了…
妳說社長開的研究會，參加成員都是些什麼人啊？
好像都是主管級的人，油谷前專務也有參加過。
那個前專務…
冷笑
ォォォォォ
啊！還有那個人！
呃…比油谷前專務還早受到懲處的那個人…
努力回想
叫什麼名字呢？

如果主管級的話，後藤部長⋯落合課長⋯
叩叩叩⋯
對！就是他們兩個！
參加研究會的人裡面，至少就有3個黑心企業分子。
有一次我幫油谷專務送公事包，看到他們兩人一起在裡面。
畢竟他們兩人在公司也算有名
⋯⋯!!

業務改善研究會
業務改善研究會
所以啊…
不能浪費時間，一定要速戰速決。
好好利用時間管理，如果還不能改善就罰錢。
喔 喔 喔……
罰錢的意思是…？

你們一個個，又是霸凌，又是性騷擾，還有對屬下道德綁架…一大堆問題。
用力
敲桌
吼
工作還拖拖拉拉，拿不出什麼成果，根本是薪水小偷！
不想被炒魷魚，就好好為公司辦事！
這可是最後的機會！
喀噠
抖
抖
抖
門開…
開
燈

嚇
!!?
全部不准動！
集體衝進
在場所有人，你們都有黑心企業分子嫌疑，全部扣押！

ドド
ドド
逮捕
幹什麼！
放開我！
ドド
逮捕
ドド
噠
ドドドドドドドドドド
噠
噠
騷動
騷動
騷動

還不住手——
……!?
你們是什麼人！
喘
喘
我們是特定企業對策室。
這個研究會助長了過度施壓和職權霸凌的問題。
最近職場出現許多猖狂的黑心企業分子，原因就出在這個研究會！
妳有證據嗎？

這是油谷前專務的供詞。
拿出
那傢伙，他竟然都招了啊…
你會這麼說，那就是承認與那些黑心企業分子有關了，對吧？
我認…不過我也會抗爭到底。
那…就沒辦法了
啪擦
強制執行

混蛋
重擊
呃呃…
可惡…
我們來談條件吧。
嗡嗡嗡
嗡嗡嗡
…?

我的聲音會直衝對手腦門，時間久了可是會引起記憶障礙喔。
嗡
嗡
嗡
!?
不過，如果妳就此收手，我可以不再出聲…怎麼樣？
你是要我選擇真的喪失記憶，還是當作沒這回事。
妳現在就要馬上做出決定喔。
鬼怒川說的是真的嗎？
我的大腦的確受到衝擊了，但是有可能發生記憶障礙嗎？
不…這種事想也沒用…
我應該思考的是——
他為什麼要談條件…
算了，不想這麼多了。
就跟著直覺走吧。

喀
大腦急凍
擦
哦
她放棄了嗎…
不對！

咳
咳…
呃啊——
啪
搭
咚
鏘

你果然已經沒有力氣再發出那麼大聲音了吧。
沒錯，我已經沒有戰力了。
那麼，請跟我們回去吧。
等等，妳先聽我說。
我也是憑直覺做出保護公司和員工最好的選擇。
老實告訴妳吧——
…？
我背後還有一個人。
那個人妳也認識。

TIMEHACK

5

讓工作更有效率的時間製造術

坐在那裡猶豫要不要做，就是在浪費時間，所以我們要先想好判斷標準。
比如說，2分鐘以內能做完的工作就馬上做。
TIME HACK

快速消除雜念的直覺工作法

① 2分鐘規則

在工作上猶豫不決的時候，許多人都會先放在一邊，打算等一下再處理。但是，能馬上做完的事，最好不要擱置，立刻做完會比較好。因為我們猶豫的時候，時間也絲毫不會停留。

什麼是「能馬上做完的事」呢？具體來說，**就是「2分鐘以內可以完成的工作」**，

一律堅守「2分鐘原則」，立刻完成。

回覆郵件就是很典型的「2分鐘以內能完成的工作」。如果「現在先不回覆，等一下有空的時候再回」，之後就必須再一次點開信箱，找到郵件，再讀一次，然後才能開始撰寫回信。這樣的過程至少也要花1分鐘吧。真的很浪費時間。

如果有好幾封尚未回覆的郵件，整個腦子都是「要趕快回覆A公司」、「B公司還沒回信」，無端就削減了工作的專注力。因此，2分鐘可以完成的工作就馬上完成。當下就能消除的雜念，要立刻消除。

② 5秒做決定

工作上常常會遇到「應該怎麼辦？」的問題，這時就跟著直覺走吧。「跟著直覺走，沒問題嗎？」或許你會有這個疑問，我們用「**快棋理論**」來思考看看。

請職業棋手看一副棋面，要求他「5秒」就決定下一步，再請他花「30分鐘」思考，做二次決定。結果，有86％機率職業棋手會做出同樣的決定。經過30分鐘的思考，並沒有改變棋手的走法。**換句話說，「直覺」和「靈機一動」通常都是正確的。**

猶豫不決是最浪費時間的事。
名人棋士A花5秒鐘做的決定
直覺，其實都滿正確的喔。
所以，如果妳會猶豫，還不如順著直覺去做，就可以節省時間。
這兩個判斷有86%會一樣
同樣是名人棋士A花30分鐘做的決定

不過，這個實驗由「職業棋手」來進行才是重點。也就是說，**前提是必須已具備某個程度的經驗、資訊與知識**。如果遇到完全不熟悉的領域，在沒有充分資訊和經驗的情況下，直覺就不一定正確了。

無論如何，不馬上做出決斷，就這麼擱置下來，很多時候情況可能會變得更糟，或者錯失良機，所以最好趕快決定。

③為「待辦事項」做出決斷

不過，我們難免還是會遇到「真正重要的決斷」，沒辦法在5秒內快速做出決定。或者需要對方回覆、提供更多資訊，才能做出最後的判斷。

這種情況，我們就定一個日子，例如：「現在先不決定，在6月7日12點之前做出決定就好。」有意識地設截止日為懸而未決的事做出決斷，又或者說有計畫地就「保留事項」做出決定。

在做出最後的決斷前，我們可以收集更多需要的訊息、資料，聽取其他人的意見等，為做出正確決策與判斷準備充分的資訊。

手邊有待辦事項，就會時不時地想著「對了，〇〇那件事，到底要怎麼辦才好」，但是，正是因為現在無法做出決斷，心裡惦記也沒用。

心理學家蔡格尼（Bluma Zeigarnik）曾經實驗證明「**未完成課題比已完成課題更容易占據人的記憶**」，稱之為「**蔡格尼效應**」（Zeigarnik effect）。有事情懸而未決或是一大堆待辦事項，就會占據大腦的工作空間（工作記憶），降低專注力，影響工作效率。

所以說，把「2分鐘可以完成的工作」、「現在就能做的決定」都解決了，大腦就可以毫無雜念。快速將「待辦事項」做出決斷，能有效節省大腦的工作記憶空間，提高專注力，也就是製造出更多的專注時間。

職場聰明人必備的 For You 工作法

「可不可以再教教我其他方法！」故事中，城之崎曾這麼拜託春子醫師，這裡我也要再分享大家一些漫畫沒提到、但能夠幫助提升工作效率的方法。那就是為對方節省時間的「For You 工作法」。

總是說「好忙、好忙」的人，通常都會遲到。「忙碌的人」會關心「自己的時間」，卻對「別人的時間」毫不在意。這種人不但剝奪了「別人的時間」，同時也喪失了「自己的信用」，我們一定要小心。

世上最重要的就是「時間」了。珍惜自己的時間是理所當然，但也要珍惜並尊重同伴與他人的時間。

無論是工作或待人處事上，當我們自己這樣慎重看待時間，對方也同樣會尊重我們的時間，工作進度加快，無形中就製造出更多時間。**投資「時間」，可以換得「信賴」。拿出「為了對方」（For You）的精神來工作，將會得到好幾倍的回報。**

① ASAP工作法

越緊急的事項，要越優先處理。這是工作的最基本原則。「有人正在等待的事項」是最優先的，必須要ASAP。

所謂ASAP，是英文「as soon as possible」的簡寫，意思是「盡早地、越快越好」。

當一項工作處於「有人在等待的狀態」，回覆越慢，就會越讓對方困擾。延遲1小時，等於浪費了自己的1小時和對方的1小時，總共是2小時的損失。

我舉一個簡單的例子，例如截稿日。遲交1天，就是剝奪了對方1天。對方為了這1天的延遲，必須加緊工作才能夠彌補損失的時間。由於個人工作的「怠惰」、「懶散」、「敷衍」，卻要讓對方為此付出代價。

我們必須將「對方的時間」置於「自己的時間」之上，若能對同伴或團隊的工作都以這種心情盡速處理，你的信用度將會大大提升。

② 30分鐘前行動

不遲到，是社會上理所當然的常識，但隨著手機的普及，遲到的人卻有顯著增加。「我會遲到10分鐘。」大家常常以為只要像這樣傳個簡訊，遲到就會被原諒，這實在是令人遺憾的誤解。

平常我如果與人有約，都會提前30分鐘到達約定的咖啡店。這樣即便遇到電車延遲，或是轉乘不順，以30分鐘前到達為目標，大概都不會遲到。

30分鐘前到達，感覺好像就損失了30分鐘，但我也可以趁這30分鐘，打開筆電，悠閒地處理一件工作。這「30分鐘」等於有2個單位的「15分鐘」專注時間，正確來說，可以處理「兩件工作」。此外，「對方再30分鐘就會來了。」時間受到限制，「限時衝刺」的心理也能幫助提升專注力。

換句話說，提早30分鐘行動，可以製造出10至15分鐘的多餘時間。不但製造多餘時間，還能獲得客戶或業務夥伴的信賴，真的是最有效的「時間投資」。

③嚴格遵守時間

假設有一場會議14點開始，卻發生「因為成員還沒到齊，延後到14點5分才開始」的情況。這就是浪費時間，如果有10個人在等，10人×5分，50分鐘寶貴的時間就因此消滅了。

會議或研討會本應該要嚴格遵守時間，卻因為「全部到齊了才開始」這種惡習，大家才會產生「遲到一點點也沒關係」的僥倖心理。

預定1個小時的商務會議，延遲10分鐘就很糟糕了，對方雖然笑著不說，內心可能暴跳如雷，「你們的懶散，害我下一個行程要遲到了！」可以遵守時間的人，就能提升個人信用，而對時間漫不經心的人，注定要失去工作。

第6章

最好的投資，就是投資自己的時間！
Enjoy Life 享受生活

唉唷～社長，你怎麼擅自把真相說出來了啦。
ドン
走出來
小…小夏？
這是怎麼回事…
踢
!!?
呃…!!
咻
咻
咻
シュウウウ…

嚇一跳了吧？
我其實是會長的孫女啦。
攻擊
攻擊
攻擊
我以為，總有一天我也會繼承公司，成為高層。
猛力攻擊
喘…
碎!!
重擊
誰知道，爸爸卻阻礙了…
我的夢想…

父親從沒吃過什麼苦，就從爺爺手中繼承了公司。
可是因為沒有什麼工作經驗，突然成為社長，經營才會一再失敗。
後來鬼怒川社長上任，公司的經營狀況才漸漸恢復好轉⋯

因為爸爸的失敗，讓爺爺很後悔沒有好好教育他，所以對我特別嚴格。
我也為了繼承公司，一直忍耐到現在。
可是…我一來到公司——
錄取通知
分派至
第5營業部
2課

才發現公司已經一場糊塗！
都是爸爸害的！
嗡
嗡
嗡
嗡
再這樣下去，成為社長之前，我就會先累死了…
所以…
嘻
嘻
我就先假裝成差勁的部下，引誘前輩霸凌我。
…!!

那些事情都是妳演的？
哈！嚇一跳吧？放心啦。
有一半是我真的累壞了。
我第一眼看到醫生的時候，
就相信妳是可以改變公司的人。
才會連醫生也利用——
呵呵，事實的真相已經打擊到醫生了。
爆料攻勢
我再加碼多爆一點料，讓她的腦筋更混亂。

對付那些有問題的主管，
我的策略就是給他們製造壓力。
如果他們可以扛住，好好面對自己的問題就算合格。
要是想逃避壓力，繼續任意而為，那我就會變本加厲。
如此一來，他們自己就會犯下大錯。
走投無路的時候，甚至會犧牲別人以求自保。
然後，到時候再讓我來收拾他們…這就是妳做的好事。

沒錯！將這些被害者介紹給醫生！
特定企業對策室自然就會出馬來收拾他們。
衝刺
妳竟然！
這不是徒增更多無辜的被害者嗎！
發動
這是必要的犧牲！
不處理這些問題，可能還會有更多人受害！
攻擊
對
戰
妳根本是在狡辯！
呃…

ド
咚
哎呀，已經認輸了嗎？
不行
思緒好亂…
喘
喘
啟動
正念
這時候
更要集中精神
沒錯
不錯嘛，還能站起來。
呃呃呃…
不過…妳發現了嗎？
剛剛只是輕鬆的暖身準備。
有氧運動的重頭戲才正要開始呢。
ド
跳躍

這一刻，我已經等很久！
我也是！
第二段黃金時間
握
拳
咚
咚
咚
發動攻擊

咚

抓住
咚
爺爺!!
會長!!
這個人就是…?!
颯

剛剛完全沒注意到
他的存在…
充滿壓迫
ゴゴゴゴ…
會長
雨宮錦之助
不好意思啊，忍不住出手了。
不能讓她再繼續說下去了。
オオオオ
嗡
嗡
嗡
…？

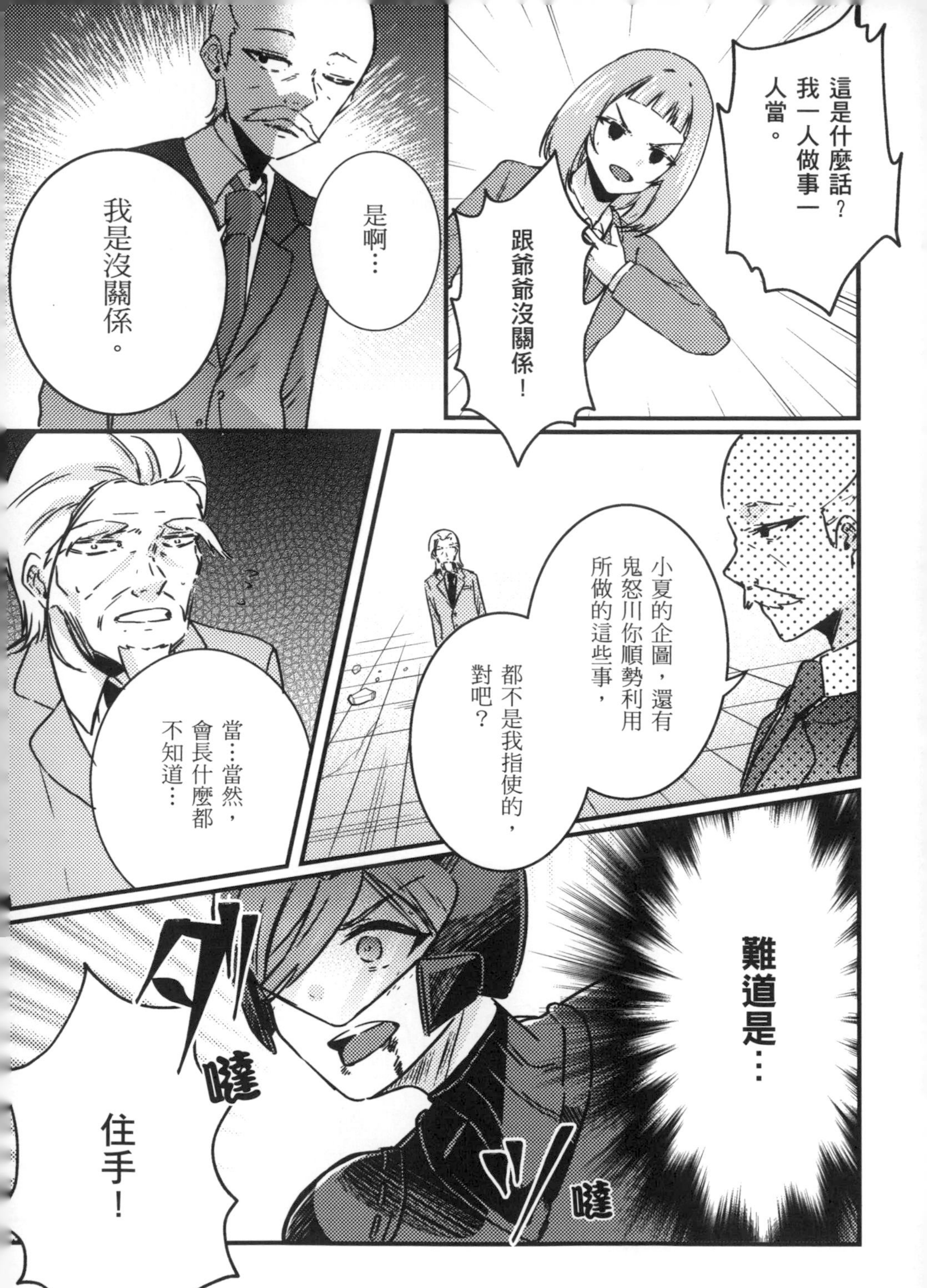
這是什麼話？我一人做事一人當。
跟爺爺沒關係！
是啊…
我是沒關係。
小夏的企圖，還有鬼怒川你順勢利用所做的這些事，
都不是我指使的，對吧？
當…當然，會長什麼都不知道…
難道是…
喀
噠
住手！
喀
噠

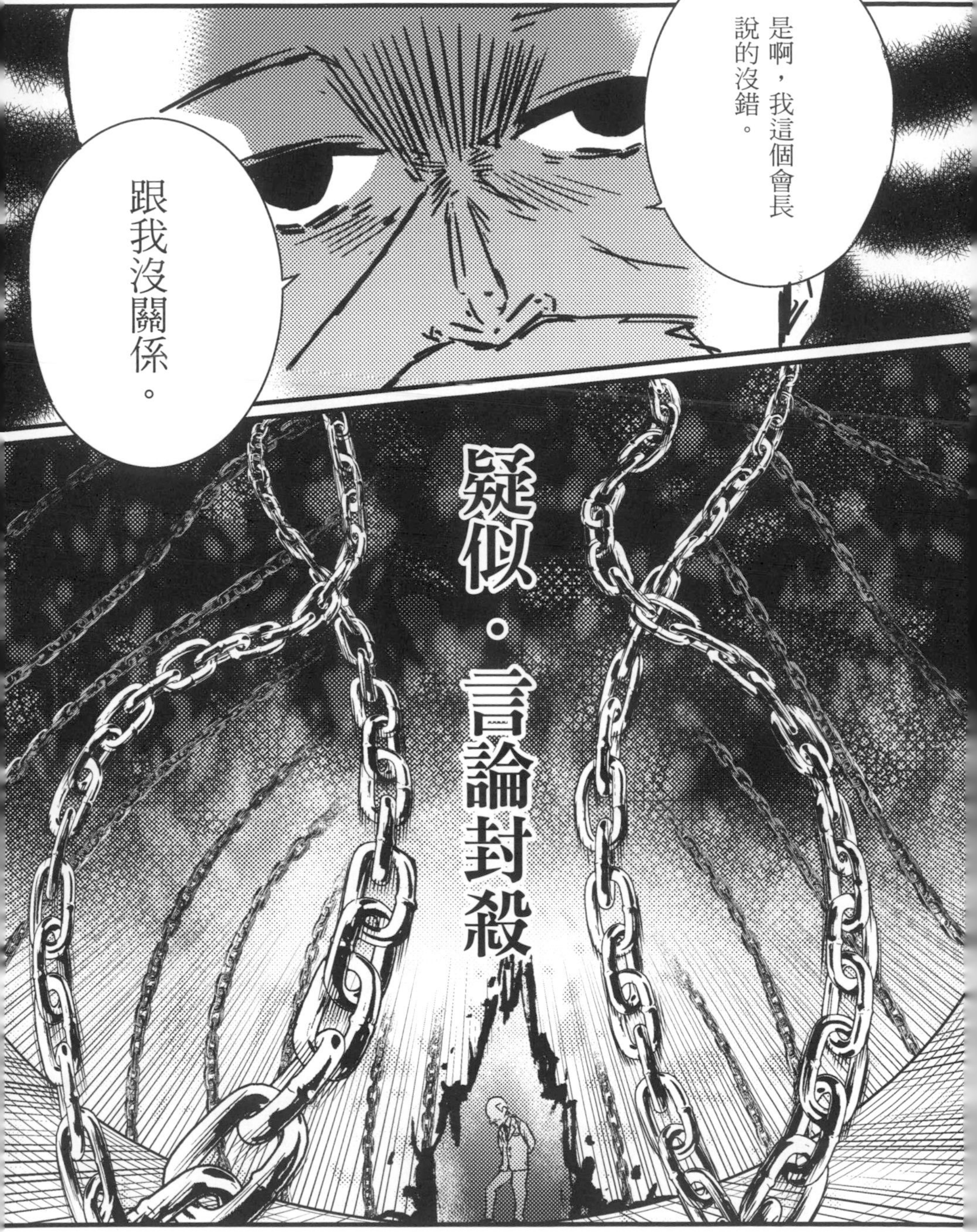
是啊，我這個會長說的沒錯。
跟我沒關係。
疑似。言論封殺

鎖鏈
封
封
哎呀…糟糕，被妳看見我以會長的身分封住他們的嘴。
!?
!?
這算是職場霸凌嗎？
…!!
咬牙
你這麼做也太…
如何？就在你眼前發生的職權霸凌，總不能裝作沒看到吧。
嗶嗶
掌握情況了。
連同會長，把他們全部都帶回來吧。

好久不見…
今天要復職了吧。
原本妳應該要接受5年的更生計畫，
沒想到，會長向特企對施壓，出面打下一切。
他還要關4年…
全都是我不好。

後來我得知了真相。
其實，特定企業對策室的高層早就察覺妳的所作所為了。
什麼？
他們也知道有些員工因此無辜受到傷害。
但是為了掌握黑心企業分子作惡的證據，只好把妳當成誘餌。
身為組織的一員，我也算是共犯。
醫生…

會長獨力扛下一切，是期待妳今後好好重整公司…
我…我一定會努力讓公司重新振作！
讓大家都可以開心工作，開心生活。
所以，妳要做好榜樣。
有效率地工作，也要盡情玩樂。好好享受人生！
我知道了…
事不宜遲，我現在就要教妳——
大家都必須學會的自我投資術！
推眼鏡
好懷念這麼帥氣的醫生！

之前教過妳，
透過提高專注力來有效利用時間的方法。
1小時
可以用來做什麼？
接下來我要教妳，
如何聰明運用提高效率後所增加的自由時間。
當然不是用來工作吧？
呵呵…沒錯，這段自由時間一定要用來自我投資，主動找生活的樂子…
投資在令人感到享受的事情上。
首先是自我投資！
致力於強化主要技能。
強化主要技能
提升工作效率
增加自由時間
如此一來，提升了工作效率，又多了更多的自由時間，再用來自我投資，形成良性循環。
強化主要技能一段日子後，直到程度達到足以增加自由時間，再去學未來可能有用的第二技能。
老年的規畫？
股票投資？
副業？
其他…
家庭？
提升第二技能

再來是主動娛樂。
自由時間就用來盡情玩樂吧。
不過，既然要玩，
與其選被動的娛樂，不如做些像閱讀或運動、樂器等主動享受的娛樂。
而且，主動娛樂也和大腦的訓練有關喔。
最後才是100％樂在其中。
To Do List
□年底前要看5部電影
□讀完15本買了還沒看的書籍
□9月要體驗立式划槳
□11月去離島騎自行車
自由時間沒辦法100％享受娛樂的人，工作上也沒辦法100％發揮。
妳可以像這樣列一張玩樂清單。

好了！小夏，妳想磨練什麼技能？
想嘗試什麼娛樂？做什麼事情的時候最能享受在其中呢？
小夏，妳要做大家的榜樣喔！
全劇終

TIMEHACK 6

為盡情享受人生的自我投資與休息哲學

自由時間就不要工作

利用時間管理多出來的時間，應該怎麼活用呢？許多人還是把它用來「工作」。這樣只是變成工作時間越來越多，更沒有時間可以放鬆或調整心情了。結果繼續累積疲勞和壓力，影響工作效率。

運用自由時間的大原則就是，**「自由時間不可以工作！」5點過後的下班時間或假日，從時間管理騰出了寶貴的「自由時間」，應該要全部投入在「自我投資」、「主動娛樂」和「享受」這三種目的。**

理由就在於，自我投資可以提升工作效率，而「主動娛樂」和「享受」的心態，能讓整個人的身心狀態煥然一新，專注力和工作效率都能更加向上。如此一來，工作、玩樂，還有個人生活，全都照顧到了，而且不斷趨近於最佳狀態。

⏱ 自我投資規畫

① 強化主要專長與技能

我知道大家都希望自由時間可以投入在自己喜歡的事物上，開心地享受，但如果你都是拿來打電玩或看連續劇，也只是在消磨時間，對將來的自己並沒有任何幫助。

自我投資，指的是為提升工作技能去閱讀、參加講座、報考證照或學習外語，以及建立人脈等。

自我投資當中，最重要的是加強自己的主要技能，這麼做的好處多多，不僅可以在工作上更有效率，還能創造出更多時間，一年甚至可以多出數百小時。

你的主要技能是什麼呢？

長時間使用電腦工作的人，就加強電腦的技能。

主要執行會計或計算的工作，Excel之類的表格計算軟體就要更加熟練。

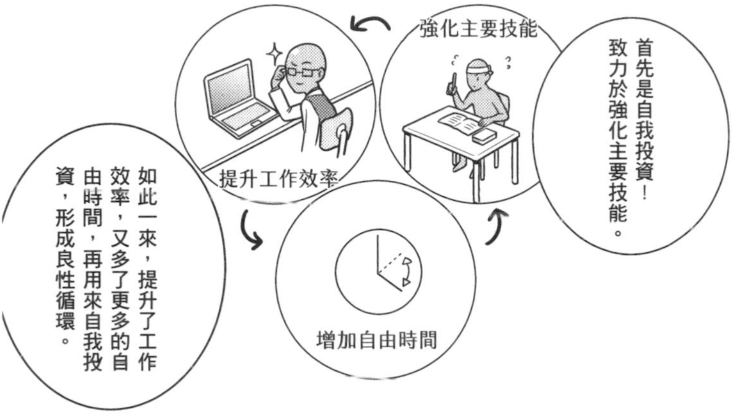
首先是自我投資！
致力於強化主要技能。
強化主要技能
提升工作效率
增加自由時間
如此一來，提升了工作效率，又多了更多的自由時間，再用來自我投資，形成良性循環。

程式工程師就積極學習最新編程知識。擔任業務的人則要多加琢磨對話技巧和溝通力。

經常寫文章的人就多研究寫作技巧。

舉例來說，一整天都用電腦工作的人，若能提高打字速度20%，他每天能節省出多少時間？**技能一旦學會就永遠不會忘記，技能強化後的效果會受用一輩子。**

所以，從自身最主要的業務加強技能，讓工作更有效率，節省了更多時間，自由時間自然就增加了。

② 自我再進化！提升工作能力的基本功

我們每天的工作，大致分為「業務處理

能力」與最基本的「工作能力」。「業務處理能力」指的是你每天經辦工作的能力，也就是公司職訓的內容，或是業務指南中的作業程序。這在每家公司、部門都是必要的能力，但如果有一天跳槽到別的公司或其他行業，就得再從頭學起。

此外，我們還要研究時間管理術、筆記術、備忘錄、寫作技巧等工作的方法，提升基本的「工作能力」。懂得掌握這些工作能力，不管去到什麼樣的公司、從事什麼行業，都能派上用場。這些就是一生受用的工作技能。

許多人知道要加強「業務處理能力」，卻甚少著眼於基本的「工作能力」，因為這可能對現有的工作並沒有立竿見影的實質助益。

我建議大家可以到書店的「職場工作術」書櫃，選一本書來作為開始。

主要技能或是工作能力加強了，再來學習如何增加收入，例如鑽研副業或投資、證照考試，甚至學習外語等，有策略地把時間分配給這些具體的技能學習上。

不過，既然要玩，
與其選被動的娛樂，不如做些像閱讀或運動、樂器等主動享受的娛樂。
而且，主動娛樂也和大腦的訓練有關喔。

享受主動娛樂

工作固然重要，學習、自我投資，還有玩樂也都很重要。好不容易才節省出來的「自由時間」，當然要好好地「玩樂一番」。不過，「玩樂」也可能改變你的人生，應該要審慎選擇。

既然要「玩」，我會建議把時間花在對你的人生能產生莫大助益，帶動自己成長的「娛樂」。

娛樂大致分成兩類，一種是看電視、打遊戲、滑手機等這種幾乎不必專注、也不需要任何技巧的「**被動娛樂**」。另一種是閱讀、運動、桌遊（棋類）、樂器演奏和手工藝等，這類需要專注力、設定目標，還有提升技能的「**主動娛樂**」。提倡心流概念，也是「專注力」相關研究的第一人，心理學家米哈里・契克森米哈伊（Mihaly Csikszentmihalyi）教授曾說：「發揮能力的心流體驗能使人成長，被動娛樂卻什麼也發生不了。」

主動娛樂其實是提高專注力的訓練，所以有使人成長的效果，而被動娛樂則是「什麼也不會發生」。

喜愛閱讀的人，通常有較高的專注力，而只愛看電視或打電玩的人，專注力會降低。所以我們應該要減少被動娛樂，增加主動娛樂才對。從事主動娛樂，長期下來能帶動提升對工作的專注力。

被動娛樂等於浪費時間，而主動娛樂是提高專注力並創造時間的「自我投資」。

享樂是最強的自我充電術

日本人大多不懂「享樂」。認真工作的人受到尊敬，只顧玩樂的人不值一提，這

最後才是100％樂在其中。
自由時間沒辦法100％享受娛樂的人，工作上也沒辦法100％發揮。
To Do List
□年底前要看5部電影
□讀完15本買了還沒看的書籍
□9月要體驗立式划槳
□11月去離島騎自行車
妳可以像這樣列一張玩樂清單。

似乎是社會上普遍的觀念。

但是，每天只是埋頭工作，完全沒有享樂的人生會快樂嗎？為工作犧牲睡眠，最後演變成一身疾病的生活有幸福可言嗎？只有工作，沒有享樂，人是不可能快樂的。

工作時，我總是全神貫注迅速執行。不過，一到下班時間或是假日，我就會果斷把工作拋到腦後，在自由時間完全放鬆、盡情享樂，徹底自我充電後恢復最佳狀態，隔天精神抖擻去工作。因為有好好的「享樂」，才更有動力「明天也要努力工作」。

享受每一天的祕訣就是，「打開快樂天線」以及「列出令人開心的玩樂待辦清單」。

「你覺得最開心的時光，是做什麼

呢？」聽到這個題目後能立刻說出回答的人才算合格。然而，其實有不少人「根本不知道什麼是開心」。

「做〇〇的時候，真的很開心。」就像這樣，生活中一定要有自己的興趣和娛樂，如果你暫時還沒有方向，就先打開好奇心的天線，探索「可能會很開心」的事，積極去挑戰吧。

先寫一張「玩樂的待辦清單」，好好安排空閒時間與自由時間。**完成清單後，隨時留意「想先試試看的休閒活動」，然後付諸行動。**將那些空閒的時光變成「開心愉快的時光」，漸漸地，你就會感覺到自由時間和閒暇時候變得越來越充實了。

故事中，一連串風波平息之後，春子醫師最後傳授給小夏終極的時間管理術，那就是「**高效工作後，盡情玩樂，享受自己的人生**」。

希望大家都能善用書中的時間管理術，讓工作更有效率。好好規畫工作與生活的平衡，度過充實快樂的每一天。

後記

樂在工作，樂在生活！受用一生的超神時間術

感謝大家讀完這本《漫畫 超神．腦科學時間術》。

故事的主角，勞工健康服務醫師春子真正的身分……竟然是身手俐落的超級英雄，這樣的設定顛覆了過去商業漫畫的常識，而且故事還出現了意外幕後黑手這樣的劇情翻轉……

我在二〇一七年出版了《最強腦科學時間術》（脳のパフォーマンスを最大まで引き出す 神・時間術），至今已經過了6年。

上一本書截至目前，雖然已有15萬本的暢銷紀錄，但畢竟過了一段時間，「根本不知道有這樣一本書」的人也在持續增加。

有別於過去只是用「加法」或「減法」來調整時間，本書提出一個嶄新的概念，以專注力為縱軸，乘以時間所得的面積來做時間管理。節省了1小時，可增加的不只

是這1小時的工作量。而是在這1小時內，將專注力提高2倍，如此一來，就可以進行2倍的工作量，時間的價值也變成2倍。

就在幾年前，社會開始正視所謂的黑心企業問題，也就是勞動環境惡劣的公司，其行徑堪稱是惡名昭彰。日本政府自二〇一九年施行勞動方式改革關聯法，逐步改善日本人的工作模式與勞動環境。

但是，故事人物說的「犧牲睡眠努力工作」、「給我咬牙拼了」等等那種昭和時代愛強調的堅忍精神，其實現今社會還存在著這樣觀念過時的公司。

新冠疫情期間，社會上紛紛開啟了「遠距工作」、「居家辦公」的新工作模式，比起疫情前，許多人應該都有更多的自由時間。

不過，隨著智慧手機的普遍，深夜還在追劇這種浪費時間的生活型態，也變成家常便飯。我在這時候推出這本漫畫版，是希望大家能重新思考時間的利用方法和時間管理術。

近年來，商業類書籍的銷售持續低迷，這類書的讀者越來越少了。

這本《漫畫 超神．腦科學時間術》就是專門為平常不愛讀商業書的人所寫，以漫畫的形式呈現，期盼那些喜歡看動漫的青少年和年輕人們，也願意拿起來看看。

實際接受過勞工健康服務醫師診療的人，可能會覺得真實世界裡才沒有像春子醫師這樣願意站在諮詢者立場、並體貼為人著想的醫師。

坦白說，書中的春子醫師是我心目中的理想形象。

在我的理想中，醫生不該是等到人身心崩潰了、生病了才去找的角色，而是平常就可以去輕鬆諮詢、尋求幫助的對象。我們都需要一個自己可以卸下心防、說出煩惱的人，就像學校保健室的阿姨，如果身邊有這樣的人，身心失調的人應該就會慢慢減少了。

其實不限於勞工健康服務醫師或諮商心理師，工作上的前輩也好，同事也好，我希望大家都能找到一個像春子醫師這樣的人，可以卸下心防，輕鬆自在地傾訴心聲。

在生活中，我們也要懂得利用睡眠、運動、晨間散步來調整身心，在感覺疲勞前就得先休息。我一直藉著寫書、YouTube影片推廣這個觀念，本書也提供了滿滿的點子給大家，好好培養心靈與身體的健康習慣，以及聰明建立高效率的工作模式。請大家馬上起而行，一步步將改變帶進日常的工作和生活中。

改善生活習慣就能提高專注力和生產力嗎？心中還存有疑惑的讀者，歡迎參考本書的原作，從科學性的理論根據做更深入的探討。

時間沒有餘裕，精神就會感覺痛苦。時間充裕了，我們才能享受人生。

在新冠疫情肆虐和國際紛爭不休的時代，我們有許多不安和擔憂，若本書能夠改變你對時間的態度，幫助你學會樂在工作、享受每一天，作為身心科醫師的我，將感到非常榮幸。

二〇二三年二月　身心科醫師　樺澤紫苑

TIME HACK

漫畫 超神・腦科學時間術

マンガでわかる『神・時間術』ヒーローお姉さん、最強の時間操作スキルで働き方改革します !!

作　　者　樺澤紫苑
譯　　者　蔡昭儀
主　　編　林玟萱

總 編 輯　李映慧
執 行 長　陳旭華（steve@bookrep.com.tw）

出　　版　大牌出版／遠足文化事業股份有限公司
發　　行　遠足文化事業股份有限公司（讀書共和國出版集團）
地　　址　23141 新北市新店區民權路 108-2 號 9 樓
電　　話　+886-2-2218-1417
郵撥帳號　19504465 遠足文化事業股份有限公司

封面設計　FE 設計 葉馥儀
排　　版　藍天圖物宣字社
印　　製　中原造像股份有限公司
法律顧問　華洋法律事務所 蘇文生律師

定　　價　380 元
初　　版　2024 年 06 月

電子書 EISBN
9786267491164（EPUB）
9786267491157（PDF）

國家圖書館出版品預行編目 (CIP) 資料

漫畫 超神・腦科學時間術／樺澤紫苑著 ; 蔡昭儀譯 . -- 初版 . -- 新北市 : 大牌出版 , 遠足文化發行 , 2024.06
208 面 ; 14.8×21 公分
譯自 : マンガでわかる『神・時間術』: ヒーローお姉さん 、最強の時間操作スキルで働き方改革します !!
ISBN 978-626-7491-18-8（平裝）
1. 注意力　2. 時間管理　3. 漫畫

176.32　　113007596